四字熟語物語

故事来歴をひもとく

田部井文雄
Tabei Fumio

大修館書店

まえがき

近年私は、四字熟語辞典を編集・刊行致しましたが、その際に「四字熟語――その一語一語には物語がある」と広告してしまいました。以来、それはどんな物語なのかという問い合わせを受けることしばしばであります。〝身から出た錆〟には違いありませんが、羊頭狗肉のそしりを免れんがためにも、その説明責任は果たさなければならないでしょう。

その辞典に収録した四字熟語のすべてにわたっては、検証の責めは果たせないまでも、有名な史実・史伝・史話を始め、それらにまつわる故事・物語・詩文などをめぐって、ここにいささかまとめてみた次第です。

そしてまず気付いたことは、これらの四字の背後には、物語だけではなくて、哲学や文学を内包しているものも続出するということでした。また、歴史的伝説や説話が先に存在して、その物語に基づいて成立したものだけでなく、四字熟語が成立したあとで新たな意味を賦与されたり、物語を生ぜしめられたりして、現代に通用しているもののあることにも気付きました。

四字熟語はまた、本来、一字一字が意味を持つ表意文字四字の組み合わせによって成立しているのですが、その漢字一字のもとの意味、すなわち原義と大きく離れた転義としてこそ、今に用いられているものが多いのです。

換言すればその原義から転義へと派生する過程に介在するのが物語であり、凝縮内包されるのが哲学的ないしは文学的意味であるということになりましょう。

いずれにしても漢字四字で醸成されたこれらドラマの世界や、哲学的な意味、芸術的・文学的雰囲気などについて、以下いささか余談にわたることも避けることなく述べてみることといたします。

目次

第一章

太平謳歌

「太平謳歌《おうか》」の「太平」は、「泰平」とも書き、世の中が平和でよく治まって、理想的な状況にあることのたとえ。「謳歌」とは、人々が声をそろえてほめたたえることです。この天下泰平をいつも声高らかに唱えていたいという願いは、東西古今の全民衆にとって、最も切実なものであり続けて来ました。

中国の古代史にもその記述は、物語の形をとって伝説として語られています。その多くは歴史的事実・真実というよりは、史伝・史話とでも称すべきものでありましょう。しかしそれがいかに「荒唐《こうとう》無稽《むけい》（全く現実離れしたでたらめ）」な作り話であったとしても、その物語の作られた背後には、その時代時代の民衆の願いや叫びや嘆きなどが凝縮されている場合が多いのです。

そればかりではなく、それらの物語を支える理念的なものや、美しく的確な言葉・文学的詩情のようなものが漂う場合が見られるのです。すなわち、これらの四字には、物語ばかりか、哲学や文学の内包されているものもあるということです。

◆鼓腹《こふく》撃壌《げきじょう》

「鼓腹」とは、腹部を太鼓を叩くように打ち鳴らすこと、「撃壌」とは、「土壌」すなわち地面を足で撃《う》ち鳴らすこと。それを原義とするこの四字が、それから派生した転義として、「民衆たちが、衣食の生活に満ち足りて、太平の世を謳歌する状態のたとえ」として用いられるようになったのは何故でしょうか。この四字熟語の背後には、古くから中国の史書に有名な伝説、すなわち物語があるからです。いや、背後にあるというよりも、歴史物語が先にあって、そこからこの四字熟語が成立したというべきかも知れません。

その物語は、宋末元初（十三世紀）の人曾先之《そうせんし》（生没年未詳）の手に成る『十八史略』という歴史書の記述が、最も簡にして要を得ています。それによりますと、中国古代の伝説の時代に、理想の天子として登場した堯《ぎょう》帝が、お忍びで国状・民情の視察に出向いたというのです。

そこでまず出会ったのが、子供たちの歌う次のような歌でした。

我が烝民《じょうみん》を立つる　　立我烝民
爾《なんぢ》の極に匪《あら》ざる莫《な》し　　莫匪爾極
識《し》らず知らず　　不識不知
帝の則《のり》に順《したが》ふ　　順帝之則（『十八史略』巻一）

我々人民たちが無事にくらせるのは、すべて堯帝のこの上ない美徳のおかげ。
知らず知らずのうちに私たちは、その示すお手本に従ってしまう。

これはいうまでもなく、きわめて素直にストレートに、聖天子堯の美徳や善政を真正面から賛美したものです。
ところが、続いて聞こえてきたのは、次のような老人の歌でした。

老人有り、哺《ほ》を含み腹を鼓《こ》し、壌《つち》を撃《う》ちて　　有老人、含哺鼓腹、撃壌而歌曰、
歌ひて曰《い》はく、
日出でて作《な》し、日入りて息《いこ》ふ　　日出而作、日入而息
井を鑿《うが》ちて飲み、田を畊《たがや》して食らふ　　鑿井而飲、畊田而食

帝力　何ぞ我に有らんやと　　　　帝力何有於我哉（『十八史略』巻一）

一人の老人が、哺（食物）を口に含み、腹鼓《はらつづみ》を打ち、足で地面を打って拍子をとりながら次のような歌を歌っていた。

「日が昇れば田畑を耕し、日が沈めば休息する。井戸を掘って水を飲み、田畑を耕して飯《めし》を食う。その（自然な生活に満足しきっている）われわれに、天子の力など何のかかわりがあろうか」と。

これはまた、先の子供の歌とは正反対に、「帝力　何ぞ我に有らんや」と、天子の存在すら否定した表現です。しかし、聖天子堯は、これを聞いて初めて大満足したというのです。表向きは明らかに天子の存在自体を否定しつつ、実は逆説的に理想の治世を見事に表現した歌だったからです。恐らくは目に一丁字もない老人の「鼓腹撃壌」する姿に、中国古代の人々は、天下太平の世の実現を描いて見せたのでした。

それは為政者が何をしなくても天下がよく治まるという、いわゆる「無為の治」の理想を象徴する風景であり、物語の誕生であったと申せましょう。であるとすれば、この「鼓腹撃壌」の語には、すでにのどかな物語の世界ばかりではなく、「無為自然」の哲学に基づく「無為の治」という政治理念が内包されていたことになります。しかもそこには、「童謡」と「老人の歌」という素朴極まる「文学」の登場を見ないわけには参りません。そのように見てくれば、このような四字熟語には、一語一語に「物語」があるばかりではなく、時にこの種の「哲学」や「文学」の介在を見ざるを得なくもなってきます。

すでに述べましたように、いついかなる民族といえども、民衆は乱世よりも治世を願います。「鼓腹撃壌」と同義または類義の語を、中国の古典の中に、われわれは次のように見いだすことができます。

天下太平・太平無事・安穏無事・天下治平・天下平泰・万民泰平・千里同風・王道楽土・光風霽月《せいげつ》

これを見ても、古来、いかに多くの民衆が天下泰平の世を切望し続けたかがうかがわれますし、その多くは、字義通りの理解で十分な言葉ばかりです。

ただ、最後に挙げた「王道楽土」と「光風霽月」の語については、若干の考察が必要となりましょう。「物語」以前に、前者には「哲学」があり、後者には「文学」があるからです。

◆王道楽土《おうどうらくど》

真の王者がその理想を実現して築いた平和で安楽な国土・国家。「王道」とは、「帝王として行うべき公明正大な道」の意味で、最も古い用例は、次のように現れています。

偏無く党無く、王道蕩蕩《とうとう》たり　無偏無党、王道蕩蕩
党無く偏無く、王道平平たり　無党無偏、王道平平（『書経』洪範）

偏りなく仲間はずれもなく、王道は常に公平である。一方に偏ることなく、王道は常に公平である。

是《こ》れ民をして生を養ひ死を喪《そう》して、憾《うら》み無からしむるなり。生を養ひ死を喪して憾み無きは、王道の始めなり。　是使民養生喪死、無憾也。養生喪死無憾、王道之始也。
（『孟子』梁恵王上）

人民たちに、生きている者を十分に養い、死んだ者を手厚く弔って遺憾のないようにさせること。その生きている者を十分に養い、死んだ者を手厚く弔って遺憾のないようにすることこそ、王道の始まりなのだ。

『書経』は『易経《えききょう》』『詩経』『春秋』『礼記《らいき》』とともに五経と称せられる、儒学の古典です。『孟子』は、いうまでもなく、戦乱に明け暮れた戦国時代の思想家孟子（前三七二―前二八九）の言行や学説などをまとめたもので、『論語』『大学』『中庸』とともに、後世、四書と称される儒学の古典中の古典です。

これらに述べられた「王道」とは、孔子・孟子などの儒家が理想とした政治思想で、古代の理想的帝王堯・舜・湯・文・武などが残した、仁徳を根本とする帝王の道です。仁徳によって人民の幸福を実現しようとする政治のやり方で、特に孟子が力強く主張しました。この徳をもって天下を太平に導くのが「王道」であるのに対して、武力・権力をもって人民を威圧して治める政治手法を「覇道」といいます。

現代日本でも、「王道を行く」と言えば、「正統な方法で公明正大に堂々と事を行う」という意味に用いられています。

「楽土」とは、「王道」の理念に基づいて実現することのできた、安楽平和な国土です。その語の出所は、上述の五経の一つ、『詩経』に求められます。

碩鼠《せきそ》　碩鼠　我が黍《きび》を食らふこと無かれ　　碩鼠碩鼠　無食我黍

三歳　女《なんぢ》に貫《つか》へしも　我を肯《あ》へて顧みること莫《な》し
逝《ここ》に将《まさ》に女を去り　彼の楽土に適《ゆ》かんとす
楽土　楽土　爰《ここ》に我が所を得ん

三歳貫女　莫我肯顧
逝将去女　適彼楽土
楽土楽土　爰得我所

（『詩経』魏風、碩鼠）

大きなねずみよ、大きなねずみよ。私のもちきびを食べるでないぞ。三年間お前に仕えたけれど、私をけっして大切にしてくれなかった。私はそこでお前のもとを去り、あの安楽な土地へ行こうと思う。安楽な地よ、安楽な地よ。そこに私は私の居場所を定めよう。

ここにいう碩鼠（大ねずみ）とは、民衆から搾取してやまぬ君主・領主のたとえです。民衆がそこに求めてやまなかったのは、「王道」の政治の行われる安楽の国土、「王道楽土」にほかなりませんでした。従ってこの四字熟語には、古今東西にわたる民衆たちの悲願が凝縮されていると見るべきでしょう。またここに何よりも中国古代思想の本流とも見られる儒学・儒教の理念、哲学的思惟の片鱗を見定めておくべきでしょう。

◆光風霽月《こうふうせいげつ》

「光風」は、文字通り「光る風」、「霽月」は、「霽《は》（晴）れた月」であって、「雨後に吹くさわやかな風と、雨上がりの夜空に輝く月」を原義としています。

この言葉は、「物語」や「哲学」の世界の語というよりは、自然諷詠の、より「文学」的な用語であったはずです。それが転義としては、「心にわだかまりがなく、さっぱりとしてすがすがしい人のたとえ」として用いられました。一例を挙げれば、宋代の儒学者周敦頤《しゅうとんい》（一〇一七―一〇七三）の伝記には、次のように用いられています。

其の人品　甚《はなは》だ高く、胸懐灑落《しゃらく》、光風霽月のごとし。

其人品甚高、胸懐灑落、如光風霽月。

（『宋史』周敦頤伝）

「胸懐灑落」は、心の中がさっぱりとしていて、こだわらないさまをいい、人品の高雅さへの讃辞です。ここにいう「光風霽月」も、ほぼそれと同義の比喩として用いられています。しかもついには、この四字熟語は、「天下泰平」「鼓腹撃壌」の類義語として太平謳歌の語として用いられるにも至っているのでした。

もと自然美を詠ずる文学的表現であったものが、人品の高雅さや、理想社会の比喩にまで用いられる由来を、今十分に説き尽くすことはできませんが、これによってどうやら漢字四字で構成する世界は、文学・史学・哲学などの諸分野を内包しつつ展開するという様相が、見えてきたようです。

◆武陵桃源《ぶりょうとうげん》

中国古代の人々が描いた理想世界へのあこがれを、別な形で描き出したのが、「武陵桃源」の四字熟語です。「武陵」は、現在の湖南省常徳県内の地名、「桃源」は、桃の花咲く川の水源の地です。そこが、戦乱の世を離れて平和に穏やかに暮らすことのできる理想郷とされたのは、晋末宋初の詩人陶淵明（三六五―四二七）のユートピア物語「桃花源の記」に基づいていています。その物語は、次のように書き出されています。

晋《しん》の太元《たいげん》中、武陵《ぶりょう》の人、魚を捕らふるを業と為《な》す。渓《たに》に縁《よ》りて行き、路の遠近を忘る。忽《たちま》ち桃花の林に逢ふ。（中略）林　水源に尽き

晋太元中、武陵人捕魚為業。縁渓行、忘路之遠近。忽逢桃花林。（中略）林尽水源、便得一山。山有小口、髣

て、便《すなは》ち一山を得たり。山に小口有り、髣髴《ほうふつ》として光有るがごとし。便ち船を捨てて口より入る。

髴若有光。便捨船従口入。

（晋、陶淵明、桃花源記）

晋の太元年間（四世紀末）、武陵の人で魚取りを仕事としていた者があった。その人が、谷川沿いに行くうちに、どれほど来たのかわからなくなってしまった。ふと気付くと桃の花咲く林があった。（中略）桃の林は水源のあたりで無くなって、そこに一つの山があった。山には小さな穴があり、ぼんやりと光があるようすだった。漁師はそこで舟を乗り捨てて、その入り口から入って行った。

右のようにして「武陵」の漁夫が、「桃」の花の咲く水「源」のあたりから迷いこんだ世界こそ、何あろう、俗界と隔絶した仙境、「武陵桃源」の別天地だったという物語です。文豪陶淵明の麗筆によって、恐らくは当時流伝していた言い伝えのようなものが、見事に集大成されたもののようです。

淵明は、古来日本では隠者文学の元祖とされ、世捨人の詩人・文人として扱われ、その影響は現代にも及んでいます。その淵明の思想を溯れば老荘道家の主張につながるともされます。その証しの一つとして、右の「桃花源の記」と次の四字熟語との関連について、述べることにしましょう。

◆小国《しょうこく》寡民《かみん》

「国は小さく、その人民は少ない」ことをもって理想とするという主張です。

小国寡民、什佰《じゅうはく》の器有りて用ゐざらしむ。(中略)隣国相《あひ》望み、鶏犬の声　相《あひ》聞こゆるも、民　老死に至るまで、相《あひ》往来せず。

小国寡民、使有什佰之器不用。(中略)隣国相望、鶏犬之声相聞、民至老死、不相往来。(『老子』八十章)

国は小さく、住民は少なく、ほかに十倍・百倍の器量を持つ人材があっても、用いないようにさせる。(中略)隣の国を眺めやれば見えるほどに近く、鶏や犬の声が、互いに聞こえ合うほどであるが、人民は年老いて死ぬまで往き来することはない。

『老子』は、孔子(前五五二?―四七九)とほぼ同時代人かとされる反骨の哲人老子の著書です。国土争奪の戦乱の世に生きて、老子はここで「富国強兵」にのみ狂奔する時流を警め、敢えて「大国多民」の国家像を真っ向から否定して見せました。

それから千年近くも隔たった四、五世紀の哲人文学者陶淵明は、上述の「桃花源の記」の中に、実は次のように述べているのです。


土地平曠《へいこう》、屋舎儼然《げんぜん》たり。　土地平曠、屋舎儼然。

良田美池、桑竹《そうちく》の属有り。　有良田美池、桑竹之属。

阡陌《せんぱく》交通し、鶏犬相聞《あひ》こゆ。　阡陌交通、鶏犬相聞。（晋、陶淵明、桃花源記）

土地は平らかで広がり、家屋はきちんと整っている。よい田畑や美しい池、桑や竹の類もある。田畑の間の道は、四方に通じており、鶏や犬の声が聞こえる。


桃源郷の内部の状況を描いた部分ですが、その末尾の「鶏犬の声相聞こゆ」は、明らかに上掲の『老子』八十章の表現を踏まえた太平謳歌の表現です。

その生涯にわたって自然と人生とを凝視した陶淵明の作品には、このように明らかに老子・荘子の道家の思想が影響しています。先に挙げた「鼓腹撃壌」や「王道楽土」の語が、聖天子堯帝の治世を称える孔子と、「王道」を主唱した孟子との儒家的思想を基盤とするならば、「武陵桃源」「小国寡民」の語の背後には、明らかに老荘道家の思想が存在すると言ってよいでしょう。それは仏教にいう「厭離穢土《おんりえど》（汚れた俗世間を嫌い離れる）」の現実逃避の願望にも連なる人生観でもあります。かくして老子は、小国寡民の仙境へのあこがれを説いて道家の祖となり、陶淵明は脱俗の理念を詩文に写して隠者文学の祖となりました。堯舜禹湯文武の先王の道を説き続けて、現実改造の「王道」を説いた孔孟儒学の徒とは、やはりその哲学を異にしていたと申せましょう。

この王道の理想が、古くから日本にも伝えられていた証拠として蛇足を加えるならば、次のような江戸の古川柳が挙げられます。

堯舜の牢に蜘蛛《くも》の巣閑古鳥

堯の世に細工のひまな錠《じょう》と鍵《かぎ》

いずれも堯舜の聖世に犯罪者のゼロとなった太平の世を謳歌した川柳です。

第二章

治乱興亡

「治乱興亡《ちらんこうぼう》」の「治乱」は、文字通り、よく治まることと、乱れること。太平と争乱とです。「興亡」とは、国が盛んになることと、滅びること。興隆と滅亡とです。人類は、古来、その「治興」よりは「乱亡」の世に悩まされ続けてきました。

その間に生起した物語の数々によって、多くの「四字熟語」もまた形成され、今日に使用されています。従って、これらの言葉はまた、これらの物語の知識なしには、十全の理解には達し得ず、その使用の的確さは期し難いものとなります。

◆四面楚歌《しめんそか》

四方八方すべての方角から聞こえてくる楚の国の歌声を原義とし、転じて、周囲をすべて敵に囲まれた「孤立無援」の状態を意味する言葉。

紀元前三世紀、秦王の嬴政《えいせい》（前二五九―前二一〇）が中国全土を領して、始皇帝と称した秦王朝は、楚《そ》の項羽《こうう》（前二三二―前二〇二）と、漢の劉邦《りゅうほう》（前二四七―前一九五）等によって打倒されました。しかし、この両雄は、ついには並び立つことなく、両者決戦の日を迎えざるを得ませんでした。その最後の戦いが、垓下《がいか》（現在の安徽《あんき》省内の地名）の包囲戦でした。漢代の歴史家司馬遷（前一四五―前八七？）は、その大著『史記』の中に、その場面を次のように描きました。

夜聞漢軍四面皆楚歌、項王乃大驚曰、漢皆已得楚乎。是何楚人多也。

（『史記』項羽本紀）

夜、漢軍の四面皆楚歌するを聞き、項王乃《すなは》ち大いに驚きて曰《い》はく、「漢皆已《すで》に楚を得たるか。是れ何ぞ楚人の多きや」と。

夜、漢軍が四方八方から楚の国の歌を歌うのを聞いて、項王はそこで大変驚いて言った。「漢はもはや、すっかり楚の国を得てしまったのか。なんと敵軍の中に故郷の楚の人の多くいることよ」と。

漢の第一代の天子となる劉邦の大軍に、幾重にも包囲されて籠城する項羽に聞こえてきたのは、夜の闇の中にわき起こる、故郷楚の国の歌の歌声だったというのです。それは敗残の項羽が最後に帰るべき故国までも、今は敵の手中に陥ったと思わせる漢側の作戦だったようです。さすがの常勝の勇将項羽も、見事にその策にかかってしまいました。

かくして成ったのが「四面楚歌」という有名な四字熟語ということになりますが、そこで展開された項王の最期の場面は、司馬遷の名筆によって、更に次のように語られています。

項王則《すなは》ち夜起《た》ちて帳中に飲む。美人有り、名は虞《ぐ》、常に幸《こう》せられて従ふ。駿馬《しゅんめ》あり、名は騅《すい》、常に之《の》に騎る。是《ここ》に於いて項王乃《すなは》ち悲歌忼慨《こうがい》し、自ら詩を為《つく》りて曰はく、

力は山を抜き、気は世を蓋《おお》ふ。
時利あらず、騅逝《すいゆ》かず。
騅の逝かざる、奈何《いかん》すべき。
虞や虞や、若《なんぢ》を奈何《いかん》せんと。

項王則夜起飲帳中。有美人、名虞、常幸従。駿馬、名騅、常騎之。於是項王乃悲歌忼慨、自為詩曰、

力抜山兮気蓋世
時不利兮騅不逝
騅不逝兮可奈何
虞兮虞兮奈若何

歌ふこと数闋《すうけつ》、美人之に和す。項王泣《なみだ》数行下る。左右皆泣き、能《よ》く仰ぎ視るもの莫《な》し。

歌数闋、美人和之。項王泣数行下。左右皆泣、莫能仰視。

（『史記』項羽本紀）

項王はそこで夜起きて、陣幕の中で酒を飲んだ。かたわらに美人がいて、その名を虞といった。いつも項羽に愛されて付き従っていた。また、すぐれた馬がいて、名を騅といった。いつもそれに乗っていた。この時項羽は悲しげに歌い、心を高ぶらせて、自ら詩を作って歌った。

「力は山を抜き去り、気力は世をおおいつくすほど。（しかし）時の運は我に味方せず、名馬の騅も今は走らない。騅が走らない今はどうしたらよいのか。虞よ虞よ、そなたをどうしたらよいのか」と。

歌うこと数回、虞美人がそれに答える歌を作った。項王の涙が幾筋か流れ落ちた。近臣たちも皆泣いて、項王を仰ぎ見る者はいなかった。

右の項羽の歌の中でしきりに用いられている「兮《けい》」の一字は、語調を調え、軽く詠嘆の気分を添える助字ですが、特に項羽の故郷の楚の国の韻文で用いられたものです。

また、右の項羽の歌に唱和した虞美人の作とされるものも、今に伝えられています。

漢兵　已《すで》に地を略し　　漢兵已略地
四方　楚歌の声　　四方楚歌声
大王　意気尽く　　大王意気尽
賤妾《せんしょう》　何ぞ生に聊《やす》んぜん　　賤妾何聊生（『楚漢春秋』）

漢軍が、もはや楚の国土を攻略してしまい、四方から楚の歌声が聞こえてくる。項羽大王の気力も、今は尽き果ててしまった。どうしていやしい身の私が、おめおめと生きながらえておられましょうか。

この虞美人唱和の作を伝える『楚漢春秋』という書物は完全な形では現存せず、右のように整った形の五言詩の成立は、詩史の上でも、この時代より遥かに後の世のことと考えられていますので、この詩は、今は虞美人その人の作とは認められてはいません。当時の大王項羽でさえ、「書は以って名姓を記すに足るのみ」と称して、文字を学ぼうとはしなかったと伝えられています。そのために上述の項羽の歌にしても、その実作とは信じられていません。にも拘わらず、「四面楚歌」はもとより、その間の記述からは、次のような四字熟語も生まれています。

悲《ひ》歌《か》忼慨《こうがい》（または悲歌慷慨。悲しんで歌い、憤り嘆くこと。転じて、不遇な人が、やるせない思いをぶちまけること。）

抜山蓋世《ばつざんがいせい》（山をも抜き去る力と世をおおうほど盛んな気力。強大な力量と気力のたとえ。）

このように、大歴史家司馬遷の記述であっても、すべてが史実とは言い難く、史伝・史話の類いが混じえられているのですが、それらの物語によって生まれたこれらの「四字熟語」こそは、人類の歴史を如実に伝える真実として、今に息づいているのではないでしょうか。

また、項羽と虞美人との死別の場面は、「覇王別姫」の名舞台として、今に京劇などに上演されて、さまざまな趣向で演じられています。「覇王」とは、武力を以って天下に号令した大王項羽、「別姫」とは、愛姫虞美人に死別する意味です。

その時飛び散った虞美人の鮮血が、傍らのひなげしの花びらを染めて、現在のひなげしの花のような斑点のあるものになったという伝説も生まれました。そしてそのことをめぐって、ずっと後世の詩人、宋の曾鞏《そうきょう》（一〇一九―一〇八三）は、次のように詠じています。

三軍　散じ尽くして旌旗《せいき》倒れ
玉帳《ぎょくちょう》の佳人　坐中に老ゆ
香魂《こうこん》夜　剣光を逐《お》いて飛び
青血　化して原上の草と為《な》る
芳心　寂寞《せきばく》として寒枝に寄せ
旧曲　聞こえ来たりて　眉を斂《おさ》むるに似たり
哀怨《あいえん》　徘徊《はいかい》して愁いて語らず
恰《あたか》も初めて楚歌を聴く時のごとし

三軍散尽旌旗倒
玉帳佳人坐中老
香魂夜逐剣光飛
青血化為原上草
芳心寂寞寄寒枝
旧曲聞来似斂眉
哀怨徘徊愁不語
恰如初聴楚歌時（宋、曾鞏、虞美人草詩）

項羽の大軍は、すっかり散り散りになって、軍旗も倒れ、美しいとばりの中の虞美人も、いながらにしてその場で老いこんでしまった。虞美人のかぐわしい霊魂は、自刃した刀の光を追うように飛び去り、その鮮血は、原野の草「ひなげし」と変わった。そのひなげしの姿は、虞美人のかぐわしい心が、ひっそりとして、わびしげな茎に寄りそって咲いているようであり、垓下の囲みで歌われた古い調べが聞こえて来て、眉をひそめているかのようである。哀しみ悩み、さまよい歩いて愁いは深く、何事も語ろうとしない。それはちょうど初めて四面楚歌の声を聞いた時の姿のようである。

右の詩中に用いられた「芳心寂寞」や「哀怨徘徊」もすでに立派な四字熟語を形成しているということを忘れてはならないでしょう。しかしそれよりもここでは、項羽と虞美人とが亡くなってから、実に千二百年後の詩人の心をも、このように激しくゆさぶっていることに注目しましょう。中国ばかりではなく、わが国においても、たとえば明治の文豪夏目漱石（一八六七―一九一六）は、自らの新聞掲載の小説に「虞美人草」と題して、その女主人公を驕慢な美女に仕立てて描いているのです。それればかりか現代の日本でこの「四面楚歌」の故事熟語がほとんど日常的に使用されている一例を挙げることにしましょう。

つい最近のことですが、国政を担う某大臣が、決然として消費税増税の政策に言及したことがありました。首相始め周囲の閣僚などによって早速それは反論されました。某大臣はそのことに対して「私は今、四面楚歌、まさに項羽の立場です」と語りました。それが新聞各紙に一斉に掲載されたことは言うまでもありません。ただしその大臣は、実はその言葉の後に続けて、「しかし私はまだ項羽のように〝騅《すい》は逝《ゆ》かず〟の状況には陥ってはいません」と付言していたのです。

ところがこの大臣の肝心の言葉は、一紙を除いて新聞もテレビもほとんど取り上げませんでした。項羽は名馬の騅とともに重囲の中にあって進退窮まったというが、この私にはまだ突破口があると、その大臣はいみじくも喝破しているのです。その肝心の一語を伝え得なかったのは、明らかに報道陣の重大なミスです。

日ごろ政治家の教養を云々することの多いマスコミの方々も、ここでは、この一大臣の教養に完敗だったと申すべきでしょう。上述来の『史記』項羽本紀の名文は、戦後六十年、高校教材の定番であり続けて来ました。若い記者たちには、某大臣よりもその教養が欠けていたことは確かなのですが、その責めはいったい誰が負うべきものなのでしょうか。

ともあれ、教材としての『史記』にはその上に、次のような文章が続いています。すなわち項羽のその後です。項羽はそれでも一度は四面楚歌の囲みを脱出して奮戦し、長江(揚子江)のほとりの「烏江《うこう》」の渡し場まで南下します。するとそこの船宿の主人は項羽のファンであったらしく、渡江の舟を用意して、脱出を勧めるのですが、それを断る項羽の言葉が次の如く記されています。

項羽笑ひて曰はく、「天の我を亡《ほろ》ぼすに、我何ぞ渡らんや。且つ籍江東の子弟八千人と

項羽笑曰、天之亡我、我何渡為。且籍与江東子弟八千人渡江而西、今

江を渡りて西せしも、今、一人の還るもの無し。縦《たと》ひ江東の父兄憐れみて我を王とすとも我何の面目あってか之に見《まみ》えん。縦ひ彼言《ものい》はずとも、籍独り心に愧《は》ぢざらんや

無一人還。縦江東父兄憐而王我、我何面目見之。縦彼不言、籍独不愧於心乎。

（『史記』項羽本紀）

項羽は苦笑して言った。「天が私を滅ぼそうとしているのに、どうして渡江できようか。その上、この項籍は、江東の地方の若者八千人と一緒に、長江を渡って西に向かって長征したのに、今一人も帰る者はいない。たとい、江東の父兄たちが、私に同情して私を王としてくれたとしても、私はどんな顔をして彼らに会うことができよう。たとい彼らが、口に出して不満を言わなくとも、私はどうして心に深く恥じないでおられようか、と。

さすがに一代の風雲児項籍らしい、きっぱりとしたいさぎよい言葉でした。「籍」とは項羽の本名です。項羽はこの後最後の一戦に及んだ後、自ら首を刎《は》ねて死ぬのですが、時に項羽は三十一歳、西暦紀元前二〇二年のことであったとされます。

それから約二千年の後の世の、それも異国の日本の将軍が、この項羽の言を用いて、そ

の感懐を述べているのです。明治三十八年（西紀一九〇五）、日露戦争終結時の乃木希典《のぎまれすけ》将軍（一八四九―一九一二）の七言絶句です。

王師百万　強虜を征し
野戦攻城　屍《しかばね》山を作《な》す
愧《は》づ　我何の顔《かんばせ》あってか父老に看《まみ》えん
凱歌　今日　幾人か還る

王師百万征強虜
野戦攻城屍作山
愧我何顔看父老
凱歌今日幾人還

（明治、乃木希典、凱旋有感詩）

天皇の軍百万が強敵を討って、野に戦い城を攻めてその戦死者が山を成すほどであった。私は恥ずかしくて、どんな顔をして戦死者の父兄に会うことができようか。勝利の歌声の中に、現在何人が帰国できたのであろうか。

「凱旋」とは、戦争に勝って帰ること。乃木将軍の詩の第三句「愧《は》づ我何の顔あってか父老に見えん」は、項羽の烏江での「江東の父兄憐れみて我を王とすとも、我何の面目あってか之に見えん」となんと似ていることでしょうか。一方は中国古代の敗軍の将、一方は日本の二千年以上後の凱旋将軍、その両者が嘆くところはともに多数の部下を死傷せしめた痛恨の思いでした。

いささか四字熟語談義からは、はずれ気味となりましたが、これも「四面楚歌」の垓下の戦いの後日談として、逸すべからざる物語と感じられたからに外なりません。そして、この明治の武人が備えていた漢籍の教養の深さに、更めて深甚なる敬意を抱くからでもありました。ここで本題にもどせば、上述の「烏江」の渡しの物語に基づいて誕生した、有名な四字熟語について触れざるを得ません。

◆巻土重来《けんどちょうらい》

土煙を巻き上げて、再び立ち上がってくることで、一度敗れたり失敗したりした者が、勢力を貯えて反攻・再起すること。「巻」は「捲」とも書き、「重来」は、「じゅうらい」とも読みます。晩唐の詩人杜牧《とぼく》（八〇三―八五二）の七言絶句には、次のように用いられています。

勝敗兵家事不期

勝敗は兵家も事期せず

羞《はぢ》を包み恥を忍ぶは是れ男児　　包羞忍恥是男児
江東の子弟は才俊多し　　江東子弟多才俊
巻土重来　未だ知るべからず　　巻土重来未可知（唐、杜牧、題烏江亭詩）

戦いの勝敗は、すぐれた戦術家でも予測できない。だから一時の敗戦の恥を耐え忍んで再起を期するのが男児である。江東の地にはすぐれた若者が多い。項羽は烏江で再起をはかれば成功したかもしれないのだ。

この詩は、上述来の史話の知識なしには、読解不能の内容を持ちます。「亭」はここでは烏江の宿場の建物、「題」は、壁などに書き付けることです。

項羽から一千年の後に、詩人杜牧はこの史上有名な故地に立って、烏江の亭長の勧めに従って項羽が長江を渡っていたら、中国の古代史は別の展開を見せたであろうにと、その決断を惜しんだものです。科学的な歴史の考察では、「もし……したら」「……だったならば」の仮定は、禁句とすべきかもしれませんが、杜牧ならずとも、この「たら」「れば」の禁を犯したくなる場面ではないでしょうか。

ともあれ、ここに記された「巻土重来」という四字熟語は、「四面楚歌」と同様に不朽の生命力を保って、現代の日本に生き続けています。たとえば大相撲の放送などでは、しばしば、不振の有望力士に対して「来場所の巻土重来を期して欲しいものです」といったぐあいに用いられているではありませんか。江戸の古川柳にも、

ぐしくしと泣くので項羽はなれかね

女と馬ばかりになって項羽死に

「ぐしぐし」とは、ぐずぐず泣くさまに「虞氏」を掛けたものです。「覇王別姫」は江戸にも伝わっていました。

◆臥薪嘗胆《がしんしょうたん》

「臥薪」とは、「薪《たきぎ》」の上に「臥《ね》る」、「嘗胆」は、苦い動物の「胆《きも》」を「嘗《な》める」という意味。それがどうして「復讐の志を失わないために、苦難に耐えるたとえ」となったのでしょうか。そのことを理解するためには、どうしても西紀前五世紀の春秋時代の物語にまで遡らざるを得ません。

この時代もまた後の戦国時代の思想家孟子が、「春秋に義戦無し」と嘆いたように、正義の戦いなどあるはずのない乱世でした。中でも長江下流域にくり広げられた呉の国と越

の国との、いわゆる呉越の興亡は、すさまじいまでの怨念の抗争でした。最も簡略に初学者向きに編集された『十八史略』から引用しましょう。

夫差《ふさ》讐《あだ》を復せんと志し、朝夕《ちょうせき》薪中に臥し、出入するごとに人をして呼ばしめて曰はく「夫差　而《なんぢ》は越人の而《なんぢ》の父を殺せしを忘れたるか」と。（中略）句践《こうせん》国に反《かへ》り、胆を坐臥に懸け即《すなは》ち胆を仰ぎて之を嘗《な》めて曰はく「女《なんぢ》　会稽の恥を忘れたるか」と。

夫差志復讐、朝夕臥薪中、出入使人呼曰、夫差而忘越人之殺而父邪。（中略）句践反国、懸胆於坐臥即仰胆嘗之曰、女忘会稽之恥邪。

（『十八史略』巻一）

呉王の夫差は、父の仇《あだ》を討ちたいと思い、朝夕薪の上に寝起きし、そこに出入りするたびに、部下に「夫差よ、お前は越の国の人が、お前の父を殺したことを忘れたか」と叫ばせた。（中略）越王の句践は、呉王に降参した後、許されて帰国すると、苦い動物の胆を寝起きする部屋に下げて、いつも仰ぎ見てはそれを嘗め、戒めて言った。「句践よ、お前は呉に降参して、会稽山で受けた敗戦の屈辱を忘れたか」と。

この記述を待って、初めて「臥薪」とは、呉王夫差（?―前四七三）が、越王句践（?―前四六五）に殺された父の敵討ちをしようとして、その復讐心を失わないための知恵であったと知られます。また「嘗胆」とは、呉王夫差の報復に敗れた越王句践がめぐらした、同工異曲の工夫であったと知られます。ここに用いた四字熟語の「同工異曲」とは、「一見異なっているように見えても、本質的には変わらない状態にあること」を言います。ここにいう「臥薪」と「嘗胆」との場合がそれに当てはまり、この二字ずつを重ねることによって、「目的達成のために、厳しい苦難を自らに課して耐え忍ぶこと」を意味する言葉となりました。

また、右の『十八史略』の文章に現れた「会稽之恥」という言葉も、後述するように、そのままでは四字熟語とは称しにくいのですが、今に用いられている有名な言葉です。それは越王が呉王に会稽山（現在の浙江《せっこう》省紹興市東南の山）で大敗して虜《とりこ》となった屈辱を言い、転じて、「敗戦のこの上ない恥辱のたとえ」として、今も用いられている言葉です。また、それ以上に頻用されている四字熟語に「呉越同舟」があります。「極めて仲の悪い者が、一緒に居合わせるたとえ」として、更に「敵同士が、意外にも協力し合うようになること」の意味に使われてもいるのです。

これらの四字熟語の中にあって、「臥薪嘗胆」の語が、この日本国民の間に最も多用されたのは、明治二十八年（一八九五）から、明治三十七・八年（一九〇四―一九〇五）までの約十年間だったのではないでしょうか。日清戦争の勝利で領有することになった遼東半島を、ロシア・フランス・ドイツのいわゆる三国干渉によって、還付せざるを得なかった日本人が、日露戦争の結果、再び領有権を得るまでの十年間、朝野の人士の合い言葉が、この四字であったと伝えられています。

事の正邪善悪、歴史認識の是非に関する論議はしばらく措《お》くとして、紀元前の中国に成ったこの苛烈な四字が、二千数百年後の異国日本において、多くの人々の心胆を捉えたという事実には、注目しておきましょう。

春秋戦国の世から生まれ出た多くの言葉の中から、もう少し紹介することにします。

◆合従連衡《がっしょうれんこう》

「合従」は、戦国時代、蘇秦《そしん》（?―前三一七）が西方の強大国である秦に対抗するため、東方の六国《りっこく》（韓・魏・趙・燕・楚・斉）を連合させ、攻守同盟を結ばせた外交策。「合縦」とも書き、「がっしょう」と読み、六国を南北すなわち「縦」に連合させる意味です。

「連衡」は、合従策が崩壊した後、前三一一年に蘇秦と同門の張儀《ちょうぎ》（？―前三〇九）が、六国と秦との間に結ばせた同盟。「衡《よこ》」に連ねる意で、六国がそれぞれ秦と東西（衡）に同盟して、自国の安全をはかろうとした外交策です。

しかし、この両策ともに結局は失敗に終わり、前二二一年、斉の滅亡を最後に、六国は秦に統一併合されました。この蘇秦・張儀のような弁舌を以って諸侯に遊説した人を遊説家といい、また縦横家ともいいます。

「合従連衡」は、そのような外交策から転じて、国際間の同盟や、時勢に応じた対応策を意味しますが、あるいは、広く単に利害打算によって、団結したり離反したりすることをいうようにもなりました。「離合集散（節操もなく、離れたり集まったりすること）」、「権謀術数（巧みに人を欺く策略）」などといった語に近い意味で用いられることの多い言葉にもなりました。すでに西紀前の『史記』に次のように使われています。

天下方《まさ》に合従連衡に務め、攻伐を以って賢と為す。

天下方務於合従連衡、以攻伐為賢。

（『史記』孟軻伝）

天下の人々は皆、合従連衡の策ばかりに努力して、敵を攻め伐つことのできる者を、すぐれた人物とした。

以来たとえば現代の日本の政治社会において、各党各派の合従連衡は、利害打算の方便として横行しているではありませんか。

◆鶏口《けいこう》牛後《ぎゅうご》

「鶏口」は、にわとりのくちばしで、小さなものでも尊ぶべき部分、「牛後」は、牛の尻で、大きなものでも卑《いや》しむべき部分。転じて、たとえ弱小なものであっても、その頭《かしら》になるほうが、強大なものに服従して部下になるよりましであるというたとえに使われます。これまた、前出の縦横家蘇秦が六国合従《りっこくがっしょう》の策を諸侯に説いた時の言葉として伝えられています。

粛侯《しゅくこう》に説きて曰はく、「諸侯の卒、秦に十倍す。力を并《あは》せて西に向かはば、秦必ず破れん。大王の為に計るに、六国従親して以って

説粛侯曰、諸侯之卒、十倍於秦。并力西向、秦必破矣。為大王計、莫若六国従親以擯秦。粛侯乃資之以約

秦を擯《しりぞ》くるに若《し》くは莫《な》し」と。粛侯乃《すなは》ち之に資して以って諸侯に約せしむ。蘇秦鄙諺《ひげん》を以って諸侯に説きて曰はく、「寧《むし》ろ鶏口と為るとも、牛後と為ること無かれ」と。是《ここ》に於いて、六国従合す。

諸侯。蘇秦以鄙諺説諸侯曰、寧為鶏口、無為牛後。於是、六国従合。

（『十八史略』巻一）

蘇秦は、趙の粛侯に向かって説得して言った。「諸侯たちの兵力を合わせれば、秦の十倍にも達します。力を合わせて西方の秦に立ち向かったならば、秦はきっと打ち破れるでしょう。大王さまのためにはかり考えてみますと、六つの国が南北同盟を結んで、秦を追い払う以上の策はありません」と。粛侯はそこで蘇秦に資金を与え、諸侯に同盟を結ばせた。蘇秦は、俗世間通用のことわざを使って次のように説いた。「小さくとも鶏のくちばしになるほうが、大きな牛の尻になるよりましです（大国の臣下になるより、小国でもその君主となったほうがよい）」と。こうして六国は南北に連合して、秦に当たることとなった。

「鶏口」すなわち小国の王であるほうが、牛後すなわち大国の臣下となるよりましであるという考え方です。これは大企業に入社して梲《うだつ》が上がらないよりは、小さくともトップリーダーとなれという、現代の若者への鼓舞激励にそのまま使える言葉です。

◆焚書坑儒《ふんしょこうじゅ》

「焚書」は、書物を焼くこと、「坑儒」は、学者を生き埋めにすること。言論を弾圧することのたとえに用いられています。

是《ここ》に於いて御史《ぎょし》をして悉《ことごと》く諸生《しょせい》を案問せしむ。諸生伝えて相告引《こくいん》し、乃《すなは》ち自ら除く。禁を犯す者四百六十余人、皆之を咸陽《かんよう》に阬《あな》にし、天下をして之を知らしめ、以って後を懲《こ》らしむ。

於是使御史悉案問諸生。諸生伝相告引、乃自除。犯禁者四百六十余人、皆阬之咸陽。使天下知之、以懲後。

(『史記』秦始皇本紀)

そこで監察官の御史に命じてすべての学者を取り調べさせた。学者たちはお互いに罪をなすり付け合って自分は罪を免れようとした。禁令を犯した者四百六十余人は皆咸陽で穴埋めにされ、天下に知らしめて後の戒めとした。

秦の始皇帝に及び、先代の典籍を滅ぼし、書を焚《や》き儒を坑《あな》にす。天下の学士、難を逃れて解散す。

及秦始皇帝、滅先代典籍、焚書坑儒。天下学士、逃難解散。

（『文選』孔安国「古文尚書序」）

秦の始皇帝の時代になって先代から伝わった古典の書物をなきものにし、書物を焼き儒者を穴埋めにした。天下の学者たちは避難して散り散りとなった。

治乱興亡の古代史上、最も苛烈な文化文明の破壊です。秦の始皇帝が行った思想・言論の大弾圧です。医薬・卜筮《ぼくぜい》・農事の書以外はすべて焚《や》き捨て、『詩経』『書経』などの古典籍を論ずる者はすべて処刑すべし、とする宰相李斯《りし》の建言の実施でした。「儒」とは、孔子孟子の学を奉ずる者の意ですが、その儒者が当時の学徒・学者の代表的存在だったために、ここでは学者一般を指すと考えられます。今もその「坑儒」の遺跡は、陝西省《せんせい》西安市外に残っています。

◆弱肉強食《じゃくにくきょうしょく》

「弱肉」は、弱者の肉、「強食」は、強者の食物。弱者の肉を強者が食べることから、強大なものが、弱小のものを思いのままに侵し、しいたげるたとえに用いられます。「優勝劣敗」は、優れた者が必ず勝ち、劣った者が必ず負けることをあからさまに言う言葉ですが、これらに共通する傾きとして、どうしても治乱興亡の間に成ったが故に、優美健全な世界というよりは、醜悪苛烈なすさまじい世界をうかがわせる内容のもののほうが圧倒的に多きを占めているのです。やはり強者が常に弱者をしのぎ、優者が劣者に勝つという必然を否定することはできないからでしょうか。

最後に一つ、「弱肉強食」をめぐっての現代日本が生んだ小話、いや笑い話を記して、この酷烈な章を終わります。次のような国語の問題があります。

次の○印の部分に適当な漢字一字ずつを補い四字熟語を完成しなさい。

「○肉○食」

その答の一つが、「焼肉定食」だったというのです。果たしてこれは正答とすべきや否やですが、それはともかく、思わず微苦笑を禁じ得ない、現代日本の市井が生んだ和臭紛々たる和製造語であることはまちがいありません。この逞しい漢字漢語の造語力の一端を見るにつけて、今後もこの種の四字熟語は、このように増殖し、生産されていくのでしょう。

第三章

座右之銘

「座右之銘《ざゆうのめい》」とは、人が常に身辺に置いて、胆《きも》に銘じて忘れることなく、自己の戒めや指針とする重要な言葉を言います。「座右」は座席の右、「ざう」とは読みません。「座左之銘」とも言い、「銘」とは「心に深く刻みつけるもの」の意味です。後漢の崔瑗《さいえん》（七七―一四二）に「座右銘」と題する一文（『文選』所収）があり、金言を集めて座右に置き、自己の戒めとしたという故事も伝えられています。

古来、人は好んで古人の言行や古典の中などから、それを求めて、「常住座臥《じょうじゅうざが》（座っても寝ても、常に）」忘れないように努めました。「四字熟語」はその中にあってほとんど主座を占めてきたといってもよいかもしれません。

◆不惜身命《ふしゃくしんみょう》

これを「ふせきしんめい」と読まないのは、もと仏教用語だったからです。漢文訓読では、「身命を惜しまず」と読みます。その読み通りの「身体・生命を惜しむことなく、仏道修行に精励する」の意味ですが、転じて、広く「命がけで何事かの成就に向かって取り組む」意味に用いられています。「一所懸命」「完全燃焼」「全力投球」などの現代日本語の意味に近いと言えるでしょう。

前章（三七ページ）で晩唐の詩人杜牧の「巻土重来」の詩語が、しばしば現今の相撲放送の用語となることに触れましたが、この「不惜身命」もまた、次のようなことで話題になったことがあります。

すべてはまだ記憶に新しい平成の時代に入ってからのことです。平成の名力士と謳われた兄弟横綱が、それぞれ大関・横綱に推挙された折に、相撲協会の使者に誓ったときのことばが、すべて次のような四字熟語ばかりでした。

	大関	横綱
兄	一意専心	堅忍不抜《けんにんふばつ》
弟	不撓不屈《ふとうふくつ》	不惜身命

また、同部屋の別の大関の場合は、〝まっしぐらに前進する決意〟を示す「勇往邁進《ゆうおうまいしん》」でした。いずれにしても、不退転の精進努力を誓う「四字熟語」ばかりです。「不撓不屈」が「撓《たゆ》まず屈せず」と訓読して、「決してくじけない強い精神力」を意味する以外は、平明で力強いものばかりで、力士の座右の銘として適切な選択だったと申せましょう。

しかし、この四字熟語をめぐって、後日思いがけぬ悲喜交々《こもごも》の物語が発生したのです。兄の横綱が相撲協会の使者の前で、「堅忍」を「けんしん」と言い誤ったのは、緊張の上のお愛嬌《あいきょう》としても、弟の横綱は「身命を惜しまず」と誓って、その言葉の通りに、後日、本当に力士生命を失うことになってしまうのです。

それは、平成十三年五月のことでした。膝の疾患を押して優勝決定戦に挑み、勝ちはしたものの、明らかにそれが引き鉄《がね》となって、引退を早めてしまったのです。確かに、それは当日観戦した首相をして「感動した!!」と叫ばしめた悲壮感の漂う名場面でしたし、「不惜身命」の座右の銘の壮絶な実践ではありました。これこそは、また「乾坤一擲《けんこんいってき》（のるかそるか）」の、しかも「千載一遇（千年に一度しか出会えないほど）」の大勝負だったのでしょう。あるいはまた、それを一時あえて避けて、それこそ「巻土重来」を期すべきだったという意見もあるにちがいありません。今はここではただ、このような劇的な現実の場合に、いかに多くの四字熟語が適用し得るかに思いを致すばかりです。

そしてこのような場合、物語によってできた四字熟語ではなくて、始めに四字熟語があってそれによって新たに生み出される物語の誕生ということもあるのです。換言すれば、物語によって成立した「四字熟語」が、時代の移ろいの中で、新たな人間のドラマを発生せしめているという事実に気付かされるのです。

また目を転じて「座右之銘」に選び得る名言ということであれば、その宝庫は、何といっても中国古典の中の古典『論語』を度外視することはできません。『論語』は、紀元前五・六世紀の哲人孔子と、その弟子たちとの言行録を中心としていますが、当然のこととして物語性は乏しく、思想的・哲学的内容を主としています。その教訓性のために後世長く人類の知恵として、そのまま座右の銘となり得た名言・名句が、四字熟語に限らず、至るところにちりばめられているのです。

◆切磋琢磨《せっさたくま》

「切磋」は、「切瑳」とも書き、「獣の骨や角を切り取り磋《みが》く」こと。「琢磨」は、「玉石を琢《う》ち削り、やすりで磨きあげる」こと。それから転じて、「学問に励み、精神をきたえること」や、「友人などと交流して、互いに励まし合って、学問や人格の向上に努めること」を言います。

この言葉は、努力精進を誓って、よりよい高貴な生き方を目指す人々の座右の銘として、古くから身近に刻まれることになりましたが、『論語』には、次のように記されています。

子貢曰、貧而無諂、富而無驕、何如。子曰、可也。未若貧而楽、富而好礼者也。子貢曰、詩云、如切如磋、如琢如磨、其斯之謂与。子曰、賜也、始可与言詩已矣。告諸往而知来也。

（『論語』学而）

子貢曰はく、「貧にして諂《へつら》ふこと無く、富みて驕《おご》ること無きは、如何《いかん》」と。子曰はく、「可なり。未だ貧しくして楽しみ、富みて礼を好む者に若《し》かず」と。子貢曰はく、「詩に云ふ、切するがごとく磋《さ》するがごとく、琢するがごとく磨するがごとしとは、其《そ》れ斯《こ》れを之《これ》謂ふか」と。子曰はく、「賜《し》や、始めて与《とも》に詩を言ふべきのみ。諸《これ》に往を告げて来を知る者なり」と。

子貢が言った。「貧乏であっても、人にこびへつらうことなく、金持ちであっても、おごりたかぶらないとしたら、その人はいかがでしょうか。高く評価してもよろしいのではないでしょうか」と。すると孔子は言われた。「まあ、よいだろう。しかし、貧乏であっても、立派な道を歩み続けることを楽しみ、金持ちであっても礼儀を好むには及ばない」と。子貢がそれを聞いて言った。「『詩経』に、〝切するがごとく磋するがごとく、琢するがごとく磨するがごとし〟とあるのは、まさにこのことを言うのですね」と。孔子は「子貢よ、君は今こそ私と一緒に『詩経』について語り合えるようになったのだ。前のことを話すと、その後のことまで、話さずとも理解するようになったのだから」と言って喜ばれた。

右の『論語』の記述によって、「切磋琢磨」の語のより古い原典は、『論語』ではなく『詩経』であることが明らかです。確かに『詩経』の「衛風、淇奥《きいく》」には、「匪《ひ》たる君子有り（あざやかに美しい君子人がいる）」として、上掲の『論語』に引かれたままの句が連ねられています。この人間の理想像たる君子人は、切磋琢磨の修練によってこそ完成するのだとする『詩経』の精神は、万世の師表と仰がれる孔子の最も重んずるところでした。『論語』には、ここ以外にも『詩経』尊重の所以が随所に述べられています。

右の『論語』の章句に見える子貢との問答は、学徳を修めるために必須のものとして「切磋琢磨」の練達を強調したものですが、その内容とともに、あるいは、孔子と子貢との師弟関係の親密さが強く印象に残ります。当時、哲学・文学といった学問の分化が、どの程度に認識されていたかは不明ですが、ここで仮りに『詩経』は文学、『論語』は哲学の分野に位置づけてみることにします。しかし、上掲の『論語』の問答からは、冷徹な哲学的論理の世界というよりは、美しい師弟愛の物語的場面や、高尚なエッセイのような香気漂う世界をすら感得してしまうのだといったら、孔門讃美に傾き過ぎる言いぐさになってしまうでしょうか。少なくとも、『詩経』という文学的叙情性をふまえた師弟交流の物語として、その雰囲気を感得することはできるはずです。

さてまた、ここに詠われた『詩経』の「君子」は、孔子によって継承され、究極の理想的人間像として『論語』には数十回にわたって登場しています。その「君子」にまつわって成立した四字熟語には、そのまま座右の銘となり得るものが少なくありません。

◆文質彬彬《ぶんしつひんぴん》

「文」とは、「よく整った形式の美」、「質」とは、「飾り気のない内容実質」。「彬彬」とは、「十分に整って美しく立派なようす」を言う形容語。四字で「外見の美と内面の実質とが兼ね備わって、程よく調和しているようす」。『論語』では、それでこそ「君子」だと述べています。

子曰はく、「質 文に勝てば則《すなは》ち野《や》、文質に勝てば則ち史《し》なり。文質彬彬として然《しか》る後に君子なり」と。

子曰、質勝文則野、文勝質則史。文質彬彬然後君子。（『論語』雍也）

孔子が言われた。「質朴さが装飾より勝れば、それは粗野な人となり、装飾が質朴さより勝れば、文書係の役人のように形式偏重の人となってしまう。文と質とが調和して備わっていてこそ、そこで始めて立派な君子となるのだ」と。

「野」とは、野卑・粗野なことで、「史」とは、外面的文飾ばかりを心がける記録係の役人。頭の堅い、形式主義の小役人をいいます。この「野」でもない「史」でもない、文質彬彬たる人こそ理想的人間像としての「君子」なのだと、ここで孔子は明言しています。

ただし孔子の君子論は、『論語』全編にわたってしばしば形を変えて現れており、次の有名な章句などもその一つとすべきでしょう。

◆温故知新《おんこちしん》

「温故」とは、昔の事について研究すること、また、かつて学んだことを復習すること。「知新」とは、新しいことをよく理解することですから、この四字は、昔の事や以前に学習したことをよく復習・研究し、それによって新しい知識や見解を獲得することを意味します。

『論語』の次の章句に基づいています。

子曰、温故而知新、可以為師矣。（『論語』為政）

子曰はく、「故《ふる》きを温《たづ》ねて新しきを知れば、以って師と為《な》るべし」と。

孔子が言われた。「古いことをたずね求めて、それによって、新しいことを知ることができれば、その人は師として仰ぐことができよう。」

「温」は、たずね求める、また、「あたためる」と読んで、冷たくなったものを温める意として、習ったことを復習する（温習）の意にも解し得ます。「師」とは、人を教え導く教師の意味ですが、ここでは、上述の「君子」と置き換えてもよいほどに近似する言葉として用いられています。孔子は後世、「万世の師表」と仰がれますが、「師表」という語には、師中の師ともいうべき深い敬意がこめられています。ここにいう「師」は、それに近いひびきを持つ用語です。

ここでは、その「師」すなわち「君子」たるべき条件として、「温故」と「知新」の兼備が求められています。『論語』には「温故」と「知新」との間に「而」の一字を入れて、温故が知新の条件であり、知新が温故の結果であることを明らかに示しています。その『論語』の主張には、とかく新しいものばかりに目を奪われがちな時流に警告して、古いものを知らずして、真に新しいよいものの発見はないのだとの指摘が含まれているように思われます。この語が後世の君子人たちの共感を呼び、座右の銘となることの多かったのも、宜《うべ》なる哉《かな》と感じられます。

◆剛毅木訥《ごうきぼくとつ》

「剛毅」は、心が強くしっかりしていること、「木訥」は「朴訥」とも書き、飾り気がなく、無口なこと。精神的に強くしっかりとしていて、しかも言葉数や飾り気の少ない素朴な人柄を評する、『論語』の中の四字熟語です。

子曰はく、「剛毅木訥は仁に近し」と。

子曰、剛毅木訥、近仁。

孔子が言われた。「剛毅木訥の人は、仁の徳を備えた人に近い」と。

（『論語』子路）

孔子が理想とした美徳を「仁」と言い、それを備えた人を仁者と言います。『論語』には上述の「君子」と同様に、盛んに出現していますが、ともに人間の理想像を意味するという点で、極めて近似しているということができます。

言葉よりも実行、訥弁《とつべん》（口下手）であっても素朴で強い意志の人こそ、仁者・君子に近いとするこの考え方の対極にある言葉が、『論語』には次のように用意されています。

◆巧言令色《こうげんれいしょく》

うますぎる言葉と、とりつくろい、飾りたてすぎた表情・態度。「巧言」は、口先だけで中身のない、巧みに飾り立てた言葉、「令色」は、人々にとりいって愛想良くしすぎた顔の表情です。

子曰、巧言令色鮮矣仁。

子曰はく、「巧言令色　鮮《すくな》きかな仁」と。

（『論語』学而）

孔子が言われた。「巧言令色の人には、仁の徳はほとんど備わっていないのだなあ」と。

「鮮矣仁」は、「仁に鮮し」と読み、「仁者には少ない」または、「人徳が少ない」などさまざまに解釈されてきました。いずれにしても孔子が究極の道義とした「仁という徳」、または「仁徳ある君子」は、「巧言令色」であってはいけないと諭したものです。そして孔子の理想とする人間は、この「仁」徳を備えた「君子」でなければならないとする、一貫した主張がこれらの四字熟語には凝縮されているという理解に達するのです。

吾々の先人たちはこの孔子の英知に学ばんとして、これらの四字を座右の銘として、自らを戒めて参りました。その勢いの赴くところ、各人各様の四字を求めて、あるいは古典の書物から摘出したり、新造語として創出したりして見せています。たとえば、明治維新の立役者、西郷隆盛（一八二七—一八七七）の座右の銘は、「敬天愛人」だったと伝えられます。『元史』『明史』に見える「敬天愛民」がそれに近いといわれますが、それが何を意味し、何を原拠とするのかは、今はさだかにはし得ません。博雅の御高教にたよるしかないのですが、「天を敬い、人を愛す」と訓読することは可能です。ただし、かの西郷氏が「天」をどのように認識しての言であるかは、推測の言を弄することはできても、確かめようがないのです。

また、同じく明治時代の文豪夏目漱石が晩年に到達した文学観・人生観として、「則天去私」の境地があったと伝えられます。未完の作品「明暗」のテーマであったとも言われますが、その哲学的・論理的意味あいの解釈は、単に「あなた任せ」の意と説明されただけでは、あまりに安直にすぎて、十分な納得には達し得ません。

いずれにしても、このように四字熟語は、現代人にとっての生きる拠りどころを求めて、あるいは古く、あるいは新しく作り出され、座右の銘という役割を担って利用され続けています。

最近の新聞には、ある野球選手の座右の銘として「何苦楚魂」なるものが紹介されていました。万葉仮名の故智にならったあて字で「なにくそ魂《だましい》」と読むのだそうです。下積み選手として踏みしだかれても、雑草のように逞しく生きる、負けじ魂を意味するとのことです。いささか格調は高くありませんし、これをしも四字熟語に加えてよいものとは思えません。少なくとも辞典に収録というわけには参らないでしょう。しかし、さるにても漢字の造語力は、逞しいものではありませんか。

この種の新造の俗語には、どうしても格調の低さがつきまといます。筆者のもとには、小生の編した四字熟語辞典に「屹度馬鹿《きっとばか》」という語の収載が洩れている旨のお叱りがありました。確かに「屹度」は「急度」とも書き、「利口そうに見えながら、実は馬鹿な人を言う」と国語辞典にも説明されています。この語の採否は、編者の見識にかかわること、その辞書の性格によって判断されてしかるべきことでしょう。

それよりも、後世に残すべき四字熟語は、まだまだ数多くあり、今後も発掘され造語されるものも少なくないでしょう。そして今後もそれらの四字熟語は、座右の銘の最大の供給源であり続けるでしょう。

色即是空（この世のすべての事物の本質は空無であるという悟り。）

照顧脚下（自分の足もとこそよく見るべきだという教訓。）

は、もと仏教徒への戒めでした。

七転八起（幾度ころんでも、その度ごとに起き上がること。）

は、中小企業家への、
鬼手仏心（鬼のような冷静な手と、仏のような慈愛の心。）

は、外科医の手術・警官の逮捕の際などの心がけです。

和敬静寂（主客が互いに心を和らげて敬いあい、清らかな雰囲気を保つ典雅な心得。）

が茶道家の心がけならば、
格物致知（一つ一つの事物について調べ、道理・本質に迫り、知識・学問を深めること。）

知行合一（知識と行為は同一体のものであるとする学説。）

が陽明学（明の王陽明（一四七二―一五二八）の学説）を奉ずる方々におけるそれぞれに
金科玉条（金や玉のように大切な言葉や文章。）

とされていることは、広く世に知られています。

最後に是非とも添えておきたいのは、政治家諸公への次のメッセージです。

◆**李下瓜田**《りかかでん》

李《すもも》の木の下と、瓜《うり》の畑。盗みの疑いを受けやすい場所や境遇・地位のたとえで、「瓜田李下」とも言います。

君子は未然に防ぎ　　君子防未然
嫌疑の間に処《を》らず　　不処嫌疑間
瓜田に履を納《い》れず　　瓜田不納履
李下に冠を正さず　　李下不正冠（『楽府詩集』古楽府「君子行」）

　君子は、災難を未然に防いで、疑いをかけられるようなところには、身を置かない。たとえば、瓜の畑で履き物を履きかえないし、李の木の下で上に手を伸ばして冠をかぶり直すような疑われやすい行為は慎む。

これは、枢要の地位、権力の座にいる人の等しく厳正に守るべき心がけです。このことを忘れて失脚した政・官界人は、昔も今も陸続として絶えることがありません。
為政者としての立派な心がけをいう次の言葉を添えて本章の結びとしましょう。

◆先憂後楽《せんゆうこうらく》

「先憂」は、一般の人よりも先に憂えること。「後楽」は、一般の人より後に遅れて楽しむこと。漢文訓読では、「先に憂へて後《おく》れて楽しむ」と読みます。天子・君主・宰相などの為政者が常に心に刻むべき最も根本的な考え方とされます。

先んじて事を憂ふる者は、後れて事を楽しみ、先んじて事を楽しむ者は、後れて事を憂ふ。　先憂事者、後楽事、先楽事者、後憂事。（『大戴礼《だたいれい》』曾子立事《そうしりつじ》）

先立って物事を心配する者は、遅れて物事を楽しみ、先立って物事を楽しむ者は、遅れて物事を心配する。

其《そ》れ必ず天下の憂ひに先んじて憂へ、天下の楽しみに後れて楽しむと曰《い》はんか、噫《ああ》、斯《こ》の人微《な》かりせば、吾誰と与《とも》にか帰せん。　其必曰先天下之憂而憂、後天下之楽而楽歟、噫、微斯人、吾誰与帰。（北宋、范仲淹《はんちゅうえん》、岳陽楼記）

その人は必ず世の中の人々が心配するのに先立って心配し、世の中の人々が楽しんだあとで楽しむのだと言おうか。もしこのような人がいなかったならば、私はだれになつき従ったらよいのだろうか。

現在、東京都文京区には、旧水戸藩邸跡地に、そして岡山市には、旧領主池田氏の営んだ庭園として、ともに「後楽園」と称するものが残されています。いうまでもなくこの「先憂後楽」の思想からの命名です。両藩の治世が、実際にどのようなものであったかは知らず、ともにこの語を「銘」とした、その志を高しとしたいように思われます。

第四章

風光明媚

「風光明媚《めいび》」の「風光」とは、風と光、風景・光景の略で、よい景色。「明媚」は、近ごろでは「明美」とも書き、自然山水の清らかで美しいこと。「媚」は、もと、なまめかしくこびる意ですが、ここでは「美」と同じ意味です。

「風光明媚」ほど一般的ではありませんが、それに近い意味を表す雅語に、「風月無尽」の語があります。「風と月との美しさは無限であって、尽きることがない」という意味です。北宋の蘇軾《そしょく》（一〇三六―一一〇一）の「前赤壁の賦」という名文に基づく造語であろうと思われます。一般にはまだ十分には認知されていない四字熟語ですが、なかなかに味わい深い言葉ではありませんか。

古今にわたってこのように風雅の人は、この山川自然の美しい景色を愛し、絵画に、詩歌に写し取り、賛美してきました。従ってこれに関わる四字熟語は、多くは物語や哲学であるよりは、文学や芸術の世界において、その多くが生み出され使用されました。

まずは日本人の愛した景勝美の語から見ましょう。

◆白砂青松《はくさせいしょう》

「白砂」は「白沙」とも書きますが、いずれにしても白い砂。「青松」は、緑の濃い松の木。この両者は、うち続く海岸の景物ですが、いかにも海洋国日本らしい美しい海辺の景色です。「長汀曲浦《ちょうていきょくほ》」は、長く伸びたなぎさと、美しい曲線を描く入り江を言い、「白砂青松」に類似した水辺の光景を、よく写し取った四字熟語です。

◆山紫水明《さんしすいめい》

山が日に映えて紫色に見え、川の水が澄んで透き通って見えること。山水の景色が日に映えて清く美しいたとえです。

江戸時代後期の漢学者、頼山陽《らいさんよう》（一七八〇—一八三二）が、京都の草堂において次の詩句をものし、その草堂に「山紫水明処」と名付けたと伝えられます。

黄葉青林　小欄に対す　　黄葉青林対小欄
最も佳し　山紫水明の間　　最佳山紫水明間（江戸、頼山陽、題自画山水詩）

黄葉の樹木と緑の林とが、わが家の小さな欄干の向こうに見えている。最もすばらしいのは、それが、山は緑に、川は清らかなあたりに見えることだ。

この詩句の解題をなしているのが、次の記述です。

又一草堂を置く。鴨川に臨み、東山に対して、山紫水明処と称す。　　又置一草堂。臨鴨川、対東山、称山紫水明処。（江戸、菊池三渓、頼山陽伝）

更にまた一つ小さな草堂を設置した。鴨川を前にし、東山に向かって位置して、そこを山紫水明処と称した。

頼山陽はその詩歌において、次のような四字熟語をも作っています。

◆水天《すいてん》髣髴《ほうふつ》

「髣髴」は、ぼんやりとして明らかではないさま。四字で遥かに水と空とが接していて、どこまでが空か水か明らかではない、壮大な景を述べたものです。

雲か山か呉か越か
水天髣髴青一髪《せいいっぱつ》

雲耶山耶呉耶越
水天髣髴青一髪（江戸、頼山陽、泊天草洋詩）

雲であろうか、山であろうか、それとも中国大陸の呉であろうか、越であろうか。水と空が一筋の青い髪の毛で区切られたように広がっている。

天草洋の海辺に立って、果てしない水と空とを眺めやった感慨を、四字にまとめて言いやった力量は確かなものです。そして以上にあげたこれらの四字熟語は、どうやら和製のものであるかも知れません。「白砂」と「青松」、「山紫」と「水明」、「水天」と「髣髴」とは、それぞれに二字で熟してはいても、四字で連接した用例を、中国の文献には、まだ見いだしかねています。博雅の士のご教示をお願いしたいことです。

続いてまさしく中国製の四字を挙げようとすれば、風光の美を愛でる語は枚挙に遑《いとま》がありません。特に山水詩の伝統は、中国自然詩の主流をなして、連綿と歌い続けられてきました。北宋の蘇軾《そしょく》は、次のような詩語を作りあげています。

◆**水光瀲灎**《すいこうれんえん》

「水光」は、日に輝く水の光。「瀲灎」は、水が満ちあふれるさま、また、さざ波が光り輝くようすです。ここでは、後者と考えるべきでしょう。湖水のさざ波が日の光に輝いて、この上なく美しい情景の形容です。

水光瀲灎として晴れ方《まさ》に好く
山色空濛として雨も亦《ま》た奇なり
西湖を把《と》りて西子《せいし》に比せんと欲すれば
淡粧《たんしょう》濃抹《のうまつ》　総《す》べて相宜《あいよろ》し

水光瀲灎晴方好
山色空濛雨亦奇
欲把西湖比西子
淡粧濃抹総相宜

（宋、蘇軾、飲湖上初晴後雨詩）

湖のさざ波は、日に輝いて、晴天の時まことにすばらしい。また、あたりの山々の色あいは、ぼんやりとかすんで、雨の景色もまたそれに劣らずすばらしい。この西湖

の景色を古代の美女西施にたとえてみるならば、それは薄化粧しても厚化粧しても、
どちらもすべて美しいのだ。

詩にいう「西湖」とは、現在の浙江省杭州市の名勝の湖で、作者は当時その地の通判（副知事）でした。「西子」とは、「西施」のことで、春秋時代の絶世の美女。中国史上の四美人の一人に数えられています。わが俳聖芭蕉の名句に

象潟《きさがた》や　雨に西施が　ねぶの花（『おくのほそ道』）

とあることも知られています。「水光瀲灎」たる西湖の晴れ景色は、西施の薄化粧に、「山色空濛」たる雨の風情は、西施の厚化粧にたとえられるという思いきった比喩が見事です。その「水光瀲灎」と「山色空濛」とは、ともにすでに「風光明媚」をいう類いまれな四字熟語を形成しています。いまだに多くの四字熟語辞典などに収載されず、「瀲灎空濛」といった熟し方を示してもいないのが不思議なくらいです。

にも拘わらず、一方では多くの辞書には、「雨奇晴好」の語が収められています。いう

までもなく、「晴れ方に好し」「雨も亦た奇なり」の蘇詩による造語で、雨の時もすばらしく、晴れの時もよい風景だという意味の四字熟語です。

このように、すぐれた詩文が生み出した、物語や哲学ではない、文学的叙景の語を、以下にいくつか取り上げてみます。

◆柳暗花明《りゅうあんかめい》

柳の緑が暗いまでに茂り、桃の紅の花が、明るく咲いている風景。春もようやく深まった情景を的確にとらえています。

笑ふ莫《な》かれ　農家　臘酒《ろうしゅ》渾《にご》ると　　莫笑農家臘酒渾
豊年　客を留むるに鶏豚《けいとん》足る　　豊年留客足鶏豚
山重水複　路無きかと疑ひ　　山重水複疑無路
柳暗花明　又一村　　柳暗花明又一村（南宋、陸游、遊山西村詩）

農家の歳末じこみの酒が、濁り酒であるのを笑ってはいけない。豊年で来客を引きとめるのに、鶏も豚も十分にあるのだ。山々が重なり、川が幾筋も流れて、道は行きどまりかと思えば、柳が暗く茂り、花が明るく咲き乱れるあたりに、さらにまた一つの村里があった。

この七言律詩の作者陸游《りくゆう》（一一二五―一二〇九）は、南宋を代表する詩人です。現存する詩数実に九二〇〇首余、陶淵明の自然愛と、杜甫（七一二―七七〇）の人間愛とを兼備した詩人と評せられています。

右の詩の結句「柳暗花明」は、柳の茂ったほの暗さと、咲く桃の花の明るさとを対比した名句とされ、それに添えた「又一村」という、一見何の変哲もないような平淡な表現で、農村の風景を活写しています。「又一村」は、現地では今も、居酒屋の店名にすら用いられています。

また、第三句の「山重水複」は、「山水重複」の真ん中の二字を入れかえただけですが、眼前に次々と展開する山水の美を捉えた四字熟語となっています。先に挙げた蘇軾の詩の「水光瀲灩」「山色空濛」とともに、四字としての成熟度はやはり高いとは言えないかもしれません。しかし同類の修辞でありながら、すでに四字熟語としての市民権を得たかに見える、次のような詩語もあります。

◆春宵一刻《しゅんしょういっこく》

春の夜のほんのわずかな時間が、きわめて高価なものに思われるほどにすばらしいということです。

春宵一刻　直《あたひ》　千金
花に清香有り　月に陰有り
歌管楼台　声細細
鞦韆《しゅうせん》院落　夜沈沈

春宵一刻直千金
花有清香月有陰
歌管楼台声細細
鞦韆院落夜沈沈（宋、蘇軾、春夜詩）

春の夜のひとときは、千金の価値がある。花は清らかな香りを放ち、月はおぼろにかげっている。歌や弦楽器のひびいていた高殿も今はすっかり静まって、ぶらんこのある中庭の夜は、静かにふけてゆく。

春の夜の歓楽と、それの極まって生じる哀情とを述べた名作で、わが国の謡曲「田村」にも、この詩の第一句は、そのままに引用されています。また、この句からは別に「一刻千金」の四字熟語も造語されています。後世の使用頻度から見れば、この言葉の方が多く用いられているかもしれません。「春宵一刻」より、こちらのほうが、「直千金」の意味がより明確に示されているからでしょうか。「春宵一刻」は「直千金」を伴ってこそ、その意味は十全なものとなります。四字熟語としての意味上の完結度に多少の不足はあっても、しかしこれはそのまま通用しています。

それに類似の詩語をもう一つ挙げます。

◆水村山郭

水辺の村と、山際《ぎわ》の村。山水の自然美に恵まれた村々。「郭」は、もと村や町にめぐらした城郭。ここでは、転じて、村そのものを言います。

千里鶯《うぐいす》啼《な》いて　緑　紅に映ず　千里鶯啼緑映紅
水村《すいそん》山郭《さんかく》　酒旗の風　水村山郭酒旗風
南朝　四百八十寺《はっしんじ》　南朝四百八十寺
多少の楼台　烟雨《えんう》の中《うち》　多少楼台烟雨中（唐、杜牧、江南春詩）

見渡せば千里の春景色の中に、うぐいすが啼いて、柳の緑と、桃の花の紅とが照り映えて美しい。水辺の村と山際の村々には、今も居酒屋の青い旗をはためかす春風が吹いている。南朝以来、ここ金陵（現在の南京市）には四百八十の寺があるといわれる。その多くの寺の高い建物が、春雨けぶる中に、ぼんやりと見えている。

長江下流南岸一帯の地を江南と言います。その爛漫の春景色を、色彩感覚豊かに描き出した晩唐の詩人杜牧の絶唱です。そこにいう「水村山郭」は、それに「酒旗の風」の叙述が加わって、はじめてのどか極まる春の風情が完結しているのです。上の四字のみを以ってそのニュアンスを十分に伝えるには、いささか迫力不足のためでしょうか、好景摘出の四字熟語としては今に認められていないようです。

なお、右の絶句の第一句「緑紅に映ず」の「緑」は柳の、「紅」は桃の彩りであると解したのは、次のような用例に基づいています。

◆桃紅柳緑《とうこうりゅうりょく》

紅色の桃の花と、鮮やかな緑色の柳で、色彩の美しい春景色のたとえです。

桃の紅は復《ま》た宿雨を含み
柳の緑は更に春烟《しゅんえん》を帯ぶ
花落ちて　家僮《かどう》未だ掃《はら》はず
鶯啼きて　山客猶《な》ほ眠る

桃紅復含宿雨
柳緑更帯春烟
花落家僮未掃
鶯啼山客猶眠（唐、王維、田園楽其六）

桃の紅い花には、まだ夜来の雨が残っている。柳の緑には、その上に春霞がかかっている。桃の花は散っても召使の若者はまだ掃除せず、鶯が啼いても、山村の人々はまだ眠っている。

一句が六字から成るという、珍しい六言の詩ですが、王維（六九九―七五九）は、その第一句に「桃紅」、第二句に「柳緑」の語を配しました。春の紅花は桃、緑樹は柳というのが当時一般の認識だったと心得てよいようです。「柳緑桃紅」「柳緑花紅」と変形しても用いられます。

そのように、第一・二句の対語「桃紅・柳緑」はそのまま四字熟語として扱われていても、第三・四句の「花落・鶯啼」はその扱いは受けていません。後人の気まぐれでしょうか。

いずれにしましても、色彩豊かな爛漫の春景色は、いつの世にも詩心を誘ってやまなかったようで、類似の例に不足することはありません。

◆**春日遅遅**《しゅんじつちち》

春の太陽の運行が、ゆっくりとのどかなこと。また、春の一日がうららかで静かに過ぎてゆくさま。

春日遅遅として
卉木《きぼく》萋萋《せいせい》たり

春日遅遅
卉木萋萋（『詩経』小雅、出車）

春の一日は、うららかにのどかに過ぎて行き、草木は盛んに茂っている。

◆**春風駘蕩**《しゅんぷうたいとう》

春風がのどかに吹くようす。転じて、人の性格や態度がゆったりとしておだやかなようすのたとえ。その点が、前者の「春日遅遅」とは異なります。「駘」は、もと「にぶい」「のろい」の意で、「蕩」は、「とろける」「豊か」などの意です。「駘蕩」と熟して、春ののどかなさまを表します。

朋情　以って鬱陶《うっとう》として朋情以鬱陶

春物　方《まさ》に駘蕩たり春物方駘蕩（南朝宋、謝朓《しゃちょう》、直中書省詩）

　友を思う情に、心はふさがれているが、春の風物は、まことにのどかである。

すでに第一章で述べた、「光風霽月」（一八ページ）の語が、自然讃美の原義に発して、人品の高雅さや、太平謳歌の意味を賦与されて用いられたように、ここでもまた、爛漫の春を謳う四字が、悠容迫らざる人の態度や風格をたとえる語となっています。

さて、この章の結びとして、それぞれの漢字の意味するところからは遠く飛躍して、大きく意味を異にするに至った四字熟語を挙げることにします。

◆雲雨巫山《うんうふざん》

「巫山」は、現在の中国四川省巫山県にある山の名。そこにかかる「雲」と「雨」とが、「男女の情事」を意味するようになったのは何故でしょうか。

その由来は、戦国時代、楚の懐王（在位前三二八—前二九九）が、夢の中で、巫山の神女と交わったという物語を知らねば明らかになりません。

去るとき辞して曰はく、「妾は巫山の陽《みなみ》、高唐の阻《そ》に在り。旦《あした》には朝雲と為《な》り、暮れには行雨と為り、朝朝暮暮、陽台の下」と。早朝に之を視れば、言のごとし。故に為に廟《びょう》を立て、号して朝雲と曰《い》ふ。

去而辞曰、妾在巫山之陽、高唐之阻。旦為朝雲、暮為行雨、朝朝暮暮、陽台之下。早朝視之如言。故為立廟、号曰朝雲。（『文選』宋玉、高唐賦）

（巫山の神女が）立ち去る時、別れの挨拶をして言うことには、「私は巫山の南、そば立つ高唐の高殿に住んでいます。朝方には雲となり、夕暮れには降る雨となって、毎朝毎晩、陽台山の麓に姿を現しましょう」と。朝になって懐王が眺めやると、その言葉通りであった。そこで廟を立て、名づけて「朝雲」と称した。

「高唐」は、楚の国の雲夢《うんぼう》の沢（洞庭湖周辺地帯）にあったという高殿の名、「陽台」は、現在の湖北省漢川県の南にある山の名です。

ここを舞台に行われた楚の君主と神女との一夜の契りの物語なしには、この「巫山雲雨」の語に、男女の情事の意味を持たせるわけにはいきません。唐の詩人李白（七〇一―七六二）は、この四字を、七言絶句の詩に次のように用いています。

一枝の紅艶《こうえん》　露　香を凝らす
雲雨巫山　枉《むな》しく断腸
借問す　漢宮　誰か似るを得たると
可憐の飛燕　新粧《しんしょう》に倚《よ》る

一枝紅艶露凝香
雲雨巫山枉断腸
借問漢宮誰得似
可憐飛燕倚新粧

（唐、李白、清平調詞三首其二）

一枝のあかいあでやかな牡丹の花が、露を含んで花の香りをとどめている。昔、楚の懐王は、巫山の雲や雨となった神女と、断腸の思いでただ別れただけだった。そこでちょっとお尋ねしたい、漢王朝の後宮で、誰がこの楊貴妃の美しさに似ているかと、あの美しい趙飛燕が、化粧したばかりの顔を誇って見せる時の、その美しさだけが比べられるのだ。

「飛燕」は、漢代随一の美女とされた成帝の愛姫趙飛燕《ちょうひえん》です。ただし彼女は後に妹の昭儀《しょうぎ》に天子の寵を奪われて、不遇であったところから、李白がその人に楊貴妃をなぞらえたことで、李白追放の原因を作ったと伝えられます。やはりどうしても、美女には物語や文学がつきまとうもののようです。「雲雨」や「山川」の自然界の「森羅万象《しんらばんしょう》(この宇宙に存在する、ありとあらゆる物や現象)」が、やはり人類にとっては、人生哀歓のよすがとなりはてるもののようです。

第五章

人物月旦

昔から世人等しく好むものに、人の噂や評判、とりわけ醜聞・スキャンダルの類いがあるそうです。確かに毎日の新聞やテレビには、その種の報道が溢れています。雑誌が売れなくなったら人物評を載せればよいとも言われます。

それらの報道にも、根も葉もない無責任な巷《ちまた》の風聞もあれば、重要な国家的課題をはらむ世評・人物評のようなものもあります。

◆人物月旦《じんぶつげったん》

「月旦」とは、毎月の第一日、「旦」は、もと、朝を言い、ここでは「ついたち」の意味。それがどうして、「人物の批評」の意味となったかは、次の故事を待ってはじめて明らかになります。

許劭《きょしょう》、字《あざな》は子将、汝南平輿《じょなんへいよ》の人なり。(中略)劭、靖と倶《とも》に高名有り。好んで共に郷党の人物を覈論《かくろん》し、月毎に輒《すなは》ち其の品題を更《あらた》む。故に汝南の俗に月旦の評有り。

許劭、字子将、汝南平輿人也。(中略)劭、与靖倶有高名。好共覈論郷党人物、毎月輒更其品題。故汝南俗有月旦評焉。　(『後漢書』許劭伝)

許劭は、字(成人時につける別名)は子将と言い、汝南平輿の人である。(中略)劭は、いとこの許靖と並んで有名であった。二人ともに同郷の人物たちを調べて議論し、毎月そのつど、批評の対象を変えた。そこで汝南の人々は「月旦の評」と言った。

この故事によってはじめて、「月の初めの日」の「月旦」が、そのまま人物評の意となり、「人物月旦」「許劭月旦」「月旦春秋」「汝南月旦」の諸語が生まれ、略して単に「月旦」「月旦評」の語も使われるに至りました。

その人物の月旦には、常に「毀誉褒貶《きよほうへん》」の二面がつきまといます。「毀」と「貶」とは、ともに人をそしり、人の悪口をいうこと。「誉」と「褒」とは、人をほめることで、この四字が熟して、人をほめたり、けなしたりすることを意味しています。

そのほめ言葉としては、すでに、「光風霽月」(一八ページ)、「文質彬彬」(五九ページ)、

「剛毅木訥」（六二ページ）、「春風駘蕩」（八四ページ）などのあることを紹介しました。けなす言葉としてはこれまではまだ、「巧言令色」（六三ページ）くらいしかありませんでしたが、その種、非難の語を挙げるにこと欠くことはありません。まずは賞賛の語と見えるものから取り上げましょう。

◆天衣《てんい》無縫《むほう》

天人の着ている衣服は、縫い目がなく、自然に作られていてすばらしいという意味。転じて、人柄が飾り気なく純真で、無邪気さがあることのたとえとなります。また、詩文や書画などが、人工的でなく自然のままで、しかも整っていて美しいことにも使われています。特に自由奔放な人柄を言う言葉として、現代に定着しています。

『太平広記』に引用された『霊怪集』という書物には、次のような記述があります。

（太原の郭翰《かくかん》）仰ぎて空中を視るに、人冉《ぜん》冉《ぜん》として下り、直ちに翰の前に至る有り。一少女なり。（中略）徐《おもむ》ろに其の衣を見るに、並《みな》

（太原郭翰）仰視空中、有人冉冉而下、直至翰前。一少女也。（中略）徐見其衣、並無縫。翰問之。謂翰曰、天

縫《ぬいめ》無し。翰之を問ふ。翰に謂ひて曰はく、

「天衣は、本《もと》針綫《しんせん》もて為《つく》るに非ざるなり」

と。

衣本非針綫為也。

（『太平広記』巻之十八）

（太原の郭翰が）空中を仰ぎ見たところ、人がゆっくりと下ってきて、すぐに郭翰の前にやってくるのが見えた。それは一人の少女だった。（中略）静かにその少女の衣服を見ると、全く縫い目がなかった。翰がそのことについて問うと、その答は、「天人の衣は、本来、針や糸で作るものではないのです」ということだった。

この物語によってこの語は、世のすべての規範や束縛から脱して、天下御免の自由人の身を謳歌する人物への評語となりました。奔放の天才詩人李白を評する際などにしばしば登場する言葉です。

◆天真《てんしん》爛漫《らんまん》

「天真」は、天から与えられた純粋な性質。「瀾漫」は、喜びの情があふれるようすで、「爛漫」とも書きます。生まれつきの素直な心そのままの人、包み隠しのない無邪気な人、屈託のない人柄をいいます。類義の語として、「天真流露《りゅうろ》（天真さが溢れるようなさま）」といった言葉もあります。

（鄭所南先生）嘗《かつ》て自ら一弓を写《えが》く。長さ丈余、高さ五寸許《ばか》りなるべし。天真爛漫にして物表に超出す。題して云ふ、「純《もっぱ》ら是れ君子にして、絶えて小人無し。深山の中、天を以って春と為す」と。

（鄭所南先生）嘗自写一弓。長丈余、高可五寸許。天真爛漫超出物表。題云、純是君子、絶無小人。深山之中、以天為春。（明、陶宗儀『輟耕録』狷潔）

（鄭所南先生が）ある時、自ら一つの弓の絵を描いた。長さは一丈余り、高さは五寸ほどであった。天真爛漫な描き方で、俗世間を超越している。書き記して言った。「もっぱら君子の作であって小人を寄せつけない。深い山中にあって、天を仰いで春だと思った」と。

このように本来は、人の屈託のない美点への称讃の語だったはずのこの言葉が、しかし、「天真瀾漫に過ぎる」といった使い方がされれば、周囲を無視した無神経さ、デリカシイの欠如を指摘するものともなりかねないのです。

それは上述の「天衣無縫」であっても「自由奔放」過ぎる人への皮肉な気分を含ませた言い方に、十分になり得るということです。

「自由闊達」ならば、「心が広く、のびのびとしていて物事にこだわらない」という意味の「闊達」の語に助けられて、そのようなマイナスのイメージは漂わないでしょうが、例えば、それが「奔放不羈《ふき》」と熟した場合は、「奔放」の上に、なにものにも束縛されないという語義を強調する「不羈」の語が加わっているだけに複雑です。ましてそれが「狷介《けんかい》不羈」と熟しては、もはや、プラスの評語としてばかり用いることができません。「狷介」が「自分の意志を固く守って、他に束縛されないこと」を意味し、人と親しく交わることのない頑《かたく》なさを感じさせるからです。類語として「狷介孤高」「狷介不屈」の語も浮かびます。「狷介」には、「頑固一徹（かたくなで、自分の意見や態度をあくまでも変えないこと）」や「頑迷固陋（かたくなで、道理をわきまえないこと）」とはひと味違ったいさぎよさはあるのですが、どうも暗い片意地張った雰囲気を持った語のようです。

ところが、次のような四字熟語となりますと、もはや救いのような敵意や悪罵の言となってしまいます。

◆不倶戴天《ふぐたいてん》

同じ空の下では暮らすことができないほど、激しく憎むことのたとえ。漢文訓読では、「倶《とも》には天を戴《いただ》かず」と読み、「不倶戴天の父の仇《かたき》」といった形で使われます。

父の讐《あだ》は、与共《とも》に天を戴かず。　父之讐、弗与共戴天。
兄弟の讐は、兵に反《かへ》らず。　兄弟之讐、不反兵。
交游の讐は、国を同じうせず。　交游之讐、不同国。（『礼記』曲礼上）

父の仇は、これと共には、同じ空の下には生きることはできない。兄弟の仇には、これを討つのに武器を取りに家に戻ったりはしない。友人の仇とは、同じ国に住まない。

これは結局、父の仇とは、どちらか死ぬまで戦い、兄弟の仇とはその場で直ちに戦い、友人の仇とは土地を同じくしては住まないということです。人間の憎しみの極みを言いきった言葉です。

「悪逆非道（人の道にはずれた悪事）」「軽佻浮薄（浮ついていて軽はずみ）」「優柔不断（ぐずぐ

すして決断力のないこと）」など、人物を批評して軽蔑する言葉には、こと欠くことはありませんが、「不倶戴天」以上に激しい憎悪の言は、見当たりません。

これと同じように、漢文訓読することによってその意味が明確にし得る語のいくつかを、次に挙げてみましょう。

◆**傍若無人**　ぼうじゃくぶじん

「傍《かたわ》らに人無きがごとし」と訓読し、周囲に人がいても、それを無視して自分勝手に気ままな言動をとること。「傲慢無礼」きわまる態度を非難する言葉として使われます。

荊軻《けいか》酒を嗜《たしな》み、日々に狗屠《くと》及び高漸離《こうぜんり》と与《とも》に燕《えん》の市に飲《いん》す。酒酣《たけなわ》にして以って往《ゆ》き、高漸離筑《ちく》を撃つ。荊軻和して市中に歌ひ相楽《あひたの》しむ。已《すで》にして相泣き、旁《かたわ》らに人無き者のごとし。

荊軻嗜酒、日与狗屠及高漸離飲於燕市。酒酣以往、高漸離撃筑。荊軻和而歌於市中相楽也。已而相泣、旁若無人者。

（『史記』荊軻伝）

荊軻は酒飲みで、犬を殺して生計を立てている男や高漸離などと毎日一緒に燕の国の町中で酒を飲んでいた。酒がすすむと席を移して高漸離が（楽器の）筑を打ち鳴らした。荊軻はそれに和して町中で歌って楽しんだ。やがて泣き出して、まるで周囲に人が全くいないようなありさまだった。

『史記』は右のように「旁若無人」と書いていますが、『後漢書』延篤《えんとく》伝では「傍若無人」の文字を用いています。どちらにしても「かたわら」「そば」の意味です。

◆曲学《きょくがく》阿世《あせい》

真理に反する学問を修めて、または、学問の真理をゆがめ伝えて、世の中に媚《こ》びへつらうこと。「学を曲げて世に阿《おもね》る」と訓読し、「曲学」は、真理を曲げ伝えること、「阿世」は、世の中に迎合することです。

固《こ》の徴《め》さるるや、薛人《せつひと》公孫弘も亦《ま》た徴《め》さる。目を側《そば》だてて固を視る。固曰はく、「公孫子正学を務めて以って言へ。曲学以って世に

固之徴也、薛人公孫弘亦徴。側目而視固。固曰、公孫子務正学以言。無曲学以阿世。（『史記』轅固生伝）

阿《おもね》ること無かれ」と。

固が天子に召されると、薛《せつ》の人公孫弘も召された。公孫弘は、固を無視して目をそらしているばかりだった。すると固が公孫弘に向かって言った。「公孫子よ、正しい学問に励んで、正しいことを言いなさい。学問を曲げて、俗世の人気に取り入ってはいけない」と。

これは、漢の武帝（前一五六―前八七）の清廉な老臣轅固生《えんこせい》が、若くして重臣となった公孫弘を戒めた言葉です。轅は時に九十余歳、この硬骨の老臣の放った警告には、さだめし痛烈なひびきがあったのでしょう。それから下ること二千一百年余、西暦紀元一九五〇年の日本において、時の宰相吉田茂によって、この語が脚光を浴びることとなりました。

それは、東京大学総長南原繁の全面講和論に対する、時の宰相が放った痛烈極まる非難の言葉でした。西暦紀元前の『史記』が生んだ異国の言葉が、二十世紀の首相によって、一国の代表的学者への反論に用いられたということに感慨なきを得ません。「四字熟語」は、かくの如き場面を得てこそ新たなドラマを現出せしめるのでした。

「阿世」の「阿」は、また別に「阿諛《あゆ》迎合」「阿諛追従《ついしょう》」「阿諛弁佞《べんねい》」の如く、ほとんど同じ意味の四字熟語を作っています。

◆無為徒食《むいとしょく》

働きもせず、ぶらぶらと遊び暮らすこと。「無為」は、何もしないこと。「徒食」は、ただ食べるだけで、むだにすごすこと。訓読すれば「為《な》す無くして、徒《た》だ食するのみ」となります。

「無為徒食の徒」などと言われたら、一人前の人間にとって、これ以上の屈辱的な表現はないでしょう。使い方によっては、大変な差別語として指弾されかねません。

古くからの四字熟語の中にも、このような死語となって欲しいような言葉も少なくないのです。ここには来歴のある次の一語をもって、この種の侮蔑的用語の結びといたしましょう。

◆夜郎自大《やろうじだい》

世間知らずで、知識や実力もないのに、他人に対して尊大に構えることのたとえ。「夜郎」は、漢代、中国の西南、現在の貴州省北西部に拠った少数民族の国名で、「自大」は、自分ばかりえらいと思いこんで、いばること。「夜郎自《みずか》らをば大とす」と訓読できます。

滇王与漢使者言曰、漢孰与我大。及夜郎侯亦然。以道不通故、各自以為一州主、不知漢広大。
（『史記』西南夷伝）

滇王《てんおう》　漢の使者と言ひて曰はく、「漢は我が大なるに孰与《いづ》れぞ」と。夜郎の侯に及ぶも亦《ま》た然《しか》り。道の通ぜざるを以っての故に、各々自ら以って一州の主と為《な》りて、漢の広大なるを知らず。

滇王が、漢の使者と語って言うことには、「漢はわが国とどちらが大きいか」と。夜郎の領主のもとでも同じ質問があった。道路が通じていなかったためで、それぞれ一地方の領主となっていながら、漢の広大さを知らなかったのだ。

「滇」は、漢代に、現在の雲南省に住んでいた少数民族の名で、「夜郎」とともに、中国の中央部から離れた山岳地帯の盆地に住み、中華の民とは認められない蛮族とされていました。その住地から生涯離れることなく、中国文化の及ばない、いわゆる化外の地でした。

中国全土を領する漢に比すれば、何万分の一にも当たらぬ僻地の民の、「井の中の蛙大海を知らず」として、「夜郎」がたとえられたのは、このためです。

「夜郎」は、唐代の詩人李白が、永王の乱に連座して、流されることになった地としても有名です。もっとも李白は、その流謫の途中、長江三峡の入り口にある白帝城で赦免され、そこには到っていません。しかし「夜郎」は、それほどに当時僻遠の地であったということがうかがわれます。

以上、人をそしる言葉ばかり列挙しましたが、以下には一転して「人物月旦」の方向を、讃美・景仰の語に求めてみることにしましょう。

◆天空海闊《てんくうかいかつ》

「天空」は、空がからりと晴れ上がって、どこまでも広いこと。「海闊」は、海が広々として果てしないこと。従って、四字で、空や海がどこまでも広々としていることを言うのですが、それよりは、何のわだかまりもない気質や、からりと明るい人の性格などのたとえとして用いられることのほうが多いようです。

海は闊《ひろ》くして　魚の躍《をど》るに従ひ　　　海闊従魚躍
天は空しくして　鳥の飛ぶに任す　　　天空任鳥飛（清、沈勇、古今詩話）

海は広々として、魚のぞんぶんに躍り上がるままであり、空には何も無くて、鳥が自由に飛び回るのにまかせている。

人は誰でも海や空のような広い度量を持ちたいものだと思います。その願いからか、これと同義・類義の語として例を挙げれば、

自由闊達（心が広く、のびやかでこだわらないこと。）
気宇壮大（心意気が盛んで、度量が大きいこと。）

といったものとなるでしょうし、少しずれてはいても、

天資英邁（生まれつきの資質が非常にすぐれていること。）

や、先に記した「天真爛漫」（九三ページ）などを挙げることもできるでしょう。

女性ならば、

才色兼備（すぐれた才能と美しい容姿とを兼ね備えていること。）

というほめことばがありますし、男性ならば、

豪放磊落（心が強く、大きく、こだわらないこと。）

剛毅果断（心が強く、決断力があること。）

などが好んで用いられます。「剛毅」は、「剛気」とも書きます。また、人の落ち着いたさまをいう「自若」という言葉は、
神色自若（内心・外見ともに落ち着き払ったさま。）

従容自若（ゆったりとして落ち着き払ったさま。）

鷹揚自若（どっしりと落ち着き払ったさま。）

などの語を形成し、いずれも男らしさを強調した四字熟語となっています。

まだまだ、ほかにも、
神算鬼謀（人知では及ばないような巧みなはかりごと。）

深謀遠慮（深くて遠いことまで考えたはかりごと。）

円転滑脱（物事にこだわらず、巧みに処理すること。）

といったほめ言葉は、「英俊豪傑」の物語の中に尽きることがありません。

第六章

美女礼讃

いつの世、いずれの国にあっても、美男美女、中でも美女ほどに、もてはやされるものはないようです。中国の古代から現代までにわたって、どれだけ多くの美女礼讃の言葉が、物語に詩文に現れてきたことでしょうか。

その中でも、唐の皇帝玄宗《げんそう》（六八五―七六二）と、その愛人楊貴妃（七一九―七五六）との愛の物語詩である「長恨歌」には、女性美の極みを述べ立てる表現が満ちています。七言百二十句から成るこの大作は、玄宗の没後十年に生まれた白居易《はくきょい》（七七二―八四六）、号は楽天によって作られました。

まずは、その中に綴られた四字熟語から見ましょう。

◆雲鬢《うんぴん》花顔《かがん》

雲のように豊かにつややかな髪の毛と、花のように美しい容貌。絶世の美女の形容。
「鬢」は、耳ぎわの髪の毛ですが、「長恨歌」には、「髪」と同義に用いられています。

雲鬢花顔　金歩揺《きんほよう》
芙蓉の帳《とばり》暖かにして　春宵度《わた》る

雲鬢花顔金歩揺
芙蓉帳暖度春宵（唐、白居易、長恨歌）

雲のように豊かにつややかな髪の毛、花のようなあでやかな顔、歩くと揺れる黄金の髪飾りを着けた楊貴妃は、蓮の花の縫い取りのある華麗なカーテンのかかった部屋で、玄宗とともに、春の夜を過ごしている。

これは、「長恨歌」の前半部で、玄宗と楊貴妃とが新婚の夢まどかに結ぶ夜の室内を、はなやかに歌いあげた部分です。「長恨歌」はその前半には、このような栄華歓愛のさまが歌われ、後半部には、安禄山の乱によって楊貴妃を失った玄宗の悲しみと、あの世の人となった楊貴妃との交情を、非現実の幻想的世界として描いています。
その後半部に描かれたあの世の美女の姿は、次の四字熟語に移し変えられています。

◆雪膚花貌 せっぷかぼう

雪のように白い肌と、花のように美しい容貌という描き方です。

中に一人有り　字《あざな》は太真《たいしん》　　中有一人字太真
雪膚花貌　参差《しんし》として是れなり　　雪膚花貌参差是（唐、白居易、長恨歌）

（大勢の仙女たちの）中の一人に字《あざな》（別名）を太真という者があり、雪のように白い肌、花のようにあでやかなその容貌は、まことに生前の貴妃そのままのようすであった。

「太真」とは、楊貴妃生前の字であり、「参差」は、よく似ているさまで、そっくりそのままということです。生前の貴妃は「雲鬢花顔」でしたが、あの世の人となった彼女は生前の姿そのままで、「雪膚花貌」と表現されたということになります。「花顔」と「花貌」とは同義語、「雲鬢」と「雪膚」とは確かに「鬢《びん》」と「膚《はだ》」との違いがあります。しかし、いずれにしても、貴妃の生前も死後も変わらぬ美しさをいう、同工異曲の四字熟語ということになりましょう。

以上に挙げた二語以外にも、厳密な意味での四字熟語ということに拘らないならば、「長恨歌」全編には、美女礼讃の語は至るところに見られます。

◆宛転たる蛾眉《えんてんたるがび》

しなやかな曲線を描く美しい眉の女性。美女の形容として、眉の美しさに焦点をしぼった表現です。「宛転」は、ゆるやかに曲がるさまで、ここでは、三日月形の美しい曲線を描くさまを言います。「蛾眉」は、蚕蛾の触角のような美しい眉を持つ美女のたとえです。

六軍《りくぐん》発せず奈何《いかん》ともする無く　　六軍不発無奈何
宛転たる蛾眉　馬前に死す　　宛転蛾眉馬前死（唐、白居易、長恨歌）

天子を護衛する軍隊は、出発しようとせず、蛾の触角のような美しい眉の人楊貴妃は、天子の馬前に死んだ。

安禄山の乱によって長安から成都に逃れようとした玄宗の一行が、都から約六十キロメートルの地、馬嵬《ばかい》の駅にたどりついたときに起こった悲劇の場面です。「六軍」は天子を護衛する軍隊、それが貴妃の命を絶たない限り出発しないというのです。「宛転たる蛾眉」の人とは、いうまでもなく楊貴妃その人を指します。

ここに用いられた「宛転たる蛾眉」は、四字の漢字の間に「たる」の仮名文字を伴うが故に、日本ではそのまま直ちに「四字熟語」の仲間に入れられていません。しかし、四字の漢字を用いた成語として、すでに白楽天以前に成熟していたことが、次の詩によっても確かめられます。

宛転たる蛾眉　能《よ》く幾時《いくとき》ぞ
須臾《しゅゆ》にして鶴髪乱るること糸のごとし

宛転蛾眉能幾時
須臾鶴髪乱如糸

（唐、劉希夷、代悲白頭翁詩）

蛾の触角のような見事な眉を持つ美女であっても、どれだけの生命を保つことができようか。ほんのわずかの歳月のうちに、白髪となってそれが糸のように乱れてしまうのだ。

「須臾」は、わずかな時間、「鶴髪」は、鶴のように白い髪の毛です。作者の劉希夷《りゅうきい》（六五一―六七八?）は、白楽天より百二十年ほどの先人ですが、東都洛陽の美女を華麗に描いた後で、この命短しの嘆きで結んでいるのでした。

以上のように見てきたところでは、「長恨歌」に描く美女の条件としては、「鬢」「顔」「膚」「貌」に「眉」の美がここに加わっています。そしてそれらは、肉体の外見にまつわる美ばかりですが、「長恨歌」には、またこれとは別趣の、女性の内面、精神のありようにかかわる描写も見られるのです。

◆玉容寂寞《ぎょくようせきばく》

玉《ぎょく》のように美しい容姿の、静かに淋しそうなようす。憂いに満ちた美女の形容です。「玉容」は、宝玉のような極めて美しい容貌・容姿。「玉《ぎょく》」は、中国で最も珍重される宝玉で、最高・最上のものに添える形容語です。「長恨歌」には、ほかに、「玉顔（この上なく美しい顔）」「玉楼（美しく立派な高殿）」「玉搔頭《ぎょくそうとう》（玉で作ったかんざし）」などの語が見えています。

玉容寂寞として涙闌干《らんかん》

玉容寂寞涙闌干

梨花一枝　春　雨を帯ぶ　　　　　梨花一枝春帯雨（唐、白居易、長恨歌）

（楊貴妃の）玉のように美しい容姿は、さびしさに満ちて、涙はしきりに流れ、その姿は、梨の花の一枝が、春雨に濡れそぼっているようである。

これは、詩の後半部において、天上界に去った貴妃が、玄宗の使者を迎えた時の姿です。「闌干」は、涙のしとどに流れるさまを言い、従って「玉容寂寞」の語は、これを伴ってこそ十全の意味をなすのです。四字熟語として完熟度のいささか欠けた感なしとしないのは、そのためでしょう。しかしこの程度の熟成度の四字熟語は、他にいくらでも認められています。

それよりも問題なのは、それに続く次句の「梨花一枝」ではないでしょうか。美女の涙にくれるようすが、梨の花の一枝に春雨が降り注いで、その春雨を存分に含んだようすそのままだというのです。

まことに美人とは、もてはやされるものです。泣いても笑っても、このように至上の美しさとして描かれるのですから。

眸《ひとみ》を回《めぐ》らして一笑すれば百媚《ひゃくび》生じ　　回眸一笑百媚生
六宮《りっきゅう》の粉黛《ふんたい》　顔色無し　　六宮粉黛無顔色（唐、白居易、長恨歌）

眼を転じてひとたび笑うと、そのなまめかしさに奥御殿の化粧を凝らした宮女たちの美しさも無きに等しくなる。

この春雨を含んだ梨の花の美しさの比喩は、日本の後世にも、大いに迎えられていま す。

しかし、「玉容寂寞」には「涙闌干」が、「梨花一枝」には「春雨を帯ぶ」が添えられて始めて完結した美を形成します。その点でこの四字熟語は、四字熟語としての地位を占めおおせたものとしては扱われていないのです。

しかしこれらには、先に「長恨歌」に見た「鬢」「顔」「膚」「貌」「眉」などの肉体の部位の美ではない、高貴な精神や哀怨の情趣を漂わす美女の像が描きこまれているように思われます。しかもそれはすでに、中国最古の詩歌の集である『詩経』に見えている女性像に通うものを感じさせます。

◆窈窕たる淑女《ようちょうたるしゅくじょ》

上品で奥ゆかしい美女。「窈窕」は、もの静かで奥ゆかしいさま、「淑女」は、しとやかな美しい女性です。

関関《かんかん》たる雎鳩《しょきゅう》は　関関雎鳩
河の洲に在り　在河之洲
窈窕たる淑女は　窈窕淑女
君子の好逑《こうきゅう》　君子好逑（『詩経』国風、周南、関雎）

和らいだよい声で鳴く（水鳥の）みさごは、川の中洲にいる。その鳥のように、しとやかなよい娘は、立派な男性のよき妻となる。

『詩経』三百五編中の開巻第一ページの四句です。「君子」は、理想の男性像、「好逑」は「よき伴侶」です。それにふさわしいのは、「窈窕たる淑女」以外にいないという歌い出しです。この「窈窕たる淑女」もまた、上述の「宛転たる蛾眉」と同じく、四字熟語に準ずる美女礼讃の成語として位置づけるべきでしょう。

「長恨歌」には、これまた、れっきとした四字熟語にかかわる表現が、その冒頭と末尾とに掲出されています。

漢皇色を重んじて傾国を思ふ　　　漢皇重色思傾国
御宇《ぎょう》多年求むれども得ず　　　御宇多年求不得（唐、白居易、長恨歌）

漢の天子（実は唐の玄宗）は、女性の美しさを大切に思いあこがれて、傾国の美女を得たいと願いつつも、長い治世の間、求め得られなかった。

「漢皇」とは、漢の天子ですが、ここは、唐の玄宗とあからさまに言うことを避けた表現です。「傾国」とは、国が傾くと読めば、国家が滅亡の方向に傾くと解釈されがちですが、ここは、「国」は「国の都」、「傾」は、花の都が混乱に陥ること、都に大騒動が起こるといった意味合いに解すべきでしょう。それから転じて、行く先々で都の騒ぎを引き起こすほどの美女のたとえとなりました。そしてそれとほとんど同義の「傾城《けいせい》」の語と連接して絶世の美女を意味する四字となったのです。

◆傾城《けいせい》傾国《けいこく》

都の至るところで、大騒動を引き起こすほどの美女のたとえ。「傾城」の「城」も、「傾国」の「国」と同じく、城壁をめぐらした大都市を意味します。

北方に佳人有り　　　北方有佳人
絶世にして独立す　　絶世而独立
一顧すれば人の城を傾け　一顧傾人城
再顧すれば人の国を傾く　再顧傾人国（『漢書』孝武李夫人伝）

北方に美女がいる。世にも稀な、ひとりすぐれた美しさ。一たび顧みると、町中の騒動となり、再び顧みると都中が上を下への騒ぎとなる。

前漢の武帝に、後にその愛人となった李夫人を推薦しようとして、李延年が作ったと伝えられている歌です。従って、「傾国」の用例としては、「長恨歌」よりは、九百年ほども古いことになります。

現代でも、空港や盛り場などで、美男・美女の俳優・タレント・スポーツ選手などを、一目見んと殺到する群衆の騒動などが報じられるではありませんか。その状態が「傾城」であり「傾国」であり、そのような状態を惹起するような美形・美貌をこそ、この四字は喩えているのです。

また、更に転じては、江戸時代の浄瑠璃・歌舞伎脚本作者、近松門左衛門（一六五三―一七二四）の作品名にも「傾城阿波の鳴戸」「傾城反魂香」などと用いられています。この場合の「傾城」は、美女というよりは、妓女・遊女の意味に用いられているようです。

さて、この「長恨歌」によって有名になった四字熟語として、最後にこの言葉に触れておきましょう。

◆比翼連理《ひよくれんり》

雌雄一対の二羽が翼を連ねて一体になって飛ぶという想像上の鳥と、別々の木なのに枝がつながっていて同体となっている樹木と。相思相愛の男女・夫婦のたとえに用いられます。

天に在りては願はくは比翼の鳥と作《な》り　　在天願作比翼鳥

地に在りては願はくは連理の枝と為《な》らん　　在地願為連理枝（唐、白居易、長恨歌）

天上界においては、雌雄二羽で一体となる比翼の鳥になろう。地上においては、二本の木が一つにつながる連理の枝になろう。

これは、「長恨歌」の末尾近く、生前の楊貴妃が玄宗と永遠の愛を誓い合った回想の言葉として現れたものです。直接的な美女礼讃の語ではありませんが、やはり、美男美女の睦言するさまを連想させずにはおかない言葉ではあります。

このように、白楽天は「長恨歌」において、美女の容貌・姿態・心情をあまねく賛嘆して、その表現の集大成を図っているかと思わせるのですが、その基づくところは、やはりそれ以前の詩歌にありました。

◆明眸《めいぼう》皓歯《こうし》

澄んだひとみと、白い歯と。美貌の形容です。

明眸皓歯　今　何《いづ》くにか在る　　明眸皓歯今何在

血汚《けつお》の遊魂は帰り得ず　血汚遊魂帰不得（唐、杜甫、哀江頭詩）

澄んだ眸《ひとみ》と、白い歯の美人楊貴妃は、今どこにいるのか。血に染まって死んだ、さまよう霊魂は、もはや、この世に帰っては来ないのだ。

安禄山の乱が起こって二年目（七五七）の春、杜甫は、その前年に馬嵬《ばかい》の駅で亡くなった楊貴妃を偲んで、その生前の美貌を、右の四字に歌いあげました。それにしても「明眸」と「皓歯」とはなんと鮮やかに美しい造語でしょうか。美女礼讃の最高の表現がここに成った感があります。ただし、その一方の「皓歯」は、杜甫の創出ではなくて、先例があります。

◆朱唇皓歯《しゅしんこうし》

赤い唇と、白い歯と。美人の形容です。「脣」はくちびるで、「唇」とも書きます。

朱脣皓歯　嫭《こ》にして以って姱《か》なり　朱脣皓歯嫭以姱只
徳を比し　好く間《かん》に習ひて以て都《と》なり　比徳好間習以都只（『楚辞』大招）

赤い唇と白い歯とを持つ女は、優雅で美貌である。徳を備えてもの静かに、洗練されて上品である。

死者の生前の美貌を讃嘆した言葉です。『楚辞《そじ》』は、戦国時代、南方の楚の国の文学で、屈原（前三四四?—前二七七）をその代表的作者としていますが、「大招」という作品は、あるいは景差（生没年未詳）の作かともされています。いずれにしても、杜甫よりは千年近く遡る古代の文学作品です。

このようにして、白楽天以前の文学に目を転じて見ると、美人形容の身体的部位としては、ここにまた「眸」「歯」「脣（唇）」などが加わったことになります。ところが杜甫は、それに更に加えて、新たに次の造語を試みているのです。

◆雲鬟玉臂《うんかんぎょくひ》

雲のように豊かにつややかな髪と、玉《ぎょく》のように白く滑らかな肌の腕。美女の形容です。「鬟」とは、束ねて輪の形にした当時の髪型です。まげ。「臂」とは、肩から手首まで、または、肘《ひじ》から手首までの腕です。かいな。

香霧　雲鬟湿《うるほ》ひ
清輝　玉臂寒からん

　　　香霧雲鬟湿
　　　清輝玉臂寒（唐、杜甫、月夜詩）

かぐわしい夜霧に、妻の豊かにつややかなまげは、しっとりと濡れて、清らかな月の光に、妻の玉《ぎょく》のように美しい腕は、冷たくも光っていることであろう。

安禄山の乱に捕らえられて、長安の賊中にあった杜甫が、北へ二〇〇キロメートル隔たった鄜《ふ》州（現在の陝西省富県）に避難させていた、妻子を思いやる五言律詩の第五・六句です。遠く思いやる幻影としての妻の姿は、あくまでも美しく、臆面もなく美化されて歌われています。美女礼讃の至高の表現の一つをここに見る思いですが、この四字を熟語として採録している辞書・辞典は未だ現れていないようです。

そう言えば上述の「玉容寂寞」「梨花一枝」などもまだ同様の扱いであり、さらには、すでに八一ページに挙げた杜牧の「水村山郭」、陸游の「山重水複」（七九ページ）、蘇軾の「水光瀲灎」（七六ページ）「山色空濛」（七七ページ）などの自然美を称える諸語も、四字熟語としての登録はまだなされていないものが多いようです。そのことを思うにつけて付言すれば、蘇軾が「湖上に飲す、初晴れて後に雨ふる」詩（七六ページ）に、西湖の美しさを美女西施に比して、「淡粧濃抹　総べて相宜し」と詠じた「淡粧濃抹」の語なども、四字に熟した美女の形容として、もっと押し出されてしかるべきかとも思われます。

　すでにこれと同様の四字熟語として、
　紅脂白粉（赤いべにと、おしろい。美人のたとえ。）

　衣香襟影（よい香りの着物を着た姿。化粧して着飾った女性の形容。）

などは現に登録されているのですから。

　嫣然《えんぜん》一笑（にっこりとあでやかに笑うようす。）

が、『文選』宋玉「好色賦」を典拠として収載されるのならば、白楽天の「長恨歌」にいう「眸を回して一笑すれば百媚生ず」（一一三ページ）の句に基づいて「一笑百媚」の四字熟語を誕生せしめて可なりとすべきではないでしょうか。長く漢字・漢語の辞典にかかわってきた者の一人として、広く典拠・用例を求めつつ、より完備に近づいた四字熟語辞典の編著が待たれる所以です。

　この章の結びに、あらわにはその美を言わずして、美女を称賛する語を挙げることにします。

◆沈魚落雁《ちんぎょらくがん》

魚や雁でさえも恥じらって、その人の前から身を隠すほどの美人という意味です。「沈魚」は、水に沈みこむ魚、「落雁」は地上に落下して隠れる雁です。

毛嬙《もうしょう》・麗姫《りき》は、人の美とする所なり。魚之《これ》を見て深く入り、鳥之を見て高く飛び、麋《び》鹿《ろく》之を見て決驟《けっしゅう》す。四者孰《いづ》れか天下の正色を知らん。

毛嬙麗姫、人之所美也。魚見之深入、鳥見之高飛、麋鹿見之決驟。四者孰知天下正色哉。（『荘子』斉物論）

毛嬙と麗姫とは、世の人々の美人と認める者である。ところが、魚はそれを見て深い水底に隠れ、鳥はそれを見て空高く飛び去り、鹿は勢いよく逃げ出す。この（人・魚・鳥・鹿の）四者のうち、どれがこの世においての正しい美を知っている者なのだろうか。

右の『荘子』の記述では、「鳥」となっているのが「雁」に、「高飛」が「落」下に書き換えられていますが、意味するところに変わりはありません。いずれにしても、その美女の美しさには一切触れることなく、鳥や魚でさえ恥じ隠れるほどの美女を意味することとなりました。

同類の語に、「羞月閉花《しゅうげつへいか》」の四字熟語もあります。月が恥じらい、花が閉じるほどの美しさの女性ということです。このようにして女性美に関する表現は、人類の歴史とともに尽きることはないのでしょうが、それに反逆する心からでしょうか、江戸の古川柳には、あまりにオーバーな美女表現に呆れたのか、

　美しい顔で楊貴妃豚を食い

とあります。あの「明眸皓歯」「雲鬢花顔」の伝説的美女も、口さがない江戸の反骨にあっては、かたなしです。「あの声でとかげ食ふかやほととぎす」といったところでしょうか。要するに美女礼讃の四字には、このようにして哲学よりは文学の、そして物語の世界がより豊かに内包されているもののようです。

第七章

変幻自在

まぎれもなく漢字四字でできていながら、その中の一字が「之」であるために、筆者が編纂上梓した『大修館四字熟語辞典』では割愛したものがあります。上述の例で言えば、「会稽之恥」(四一ページ)「座右之銘」(五二ページ)といった、四文字中の第三字に「之」を配する形の成語です。

この「之《の》」は、本来表意文字とされる漢字の中にあって、一字としての独立した意味を持たない助字、すなわち付属語とされるものです。確かに他の自立語としての漢字とはその機能を異にしていますので、いわゆる四字熟語とは別扱いされるべきでありましょう。ただし、これらの成語もまさしく漢字四字から成っており、一定の意味内容を持ち、その機能は、他の四字熟語に遜色ないものがあります。ここには、四字熟語に準ずるものとして特に取り上げてみる所以です。その多彩さは次の通りです。

鷸蚌《いっぽう》之争《のあらそい》・倚門《いもん》之望・雲雨之情・鴛鴦《えんおう》之契《のちぎり》・漁夫之利・慧眼《けいがん》之士・蛍雪之功・犬馬之労・曠世《こうせい》之才・浩然之気・固窮之節・三顧之礼・七歩之才・出藍《しゅつらん》之誉・掌中之珠・水魚之交・青雲之志・喪家之犬・糟糠《そうこう》之妻・宋襄《そうじょう》之仁・断機之戒《いましめ》・断腸之思・蟷螂《とうろう》之斧・呑舟《どんしゅう》之魚・内助之功・嚢中之《のうちゅうの》錐《きり》・背水之陣・反哺《はんぽ》之孝・髀肉《ひにく》之嘆・風樹之嘆・抱柱之信・無為之治・有終之美

ざっと挙げてみてもここに三十三、その造語法は千変万化、まことにさまざまな物語や文学を伴って変幻自在なものがあります。げに漢字の造語力の妙であり、中国三千年の歴史の豊かさを示す文化の堆積の片鱗ではありませんか。説き及ばざる語は、漢和辞典などに譲ることとして、右のいくつかに迫ってみましょう。

◆背水之陣《はいすいのじん》

難敵を前にして河川や湖沼などの水を背にして、決死の戦いを挑む陣立て。転じて、一歩も退くことのできない立場に自らを追いこんで、難事に当たるたとえに用いられます。

信乃使万人先行出、背水陳。趙軍望見而大笑。（中略）信曰、此在兵法。顧諸君不察耳。兵法不曰、陥之死地、而後生、置之亡地、而後存。

（『史記』淮陰侯伝）

信　乃《すなは》ち万人をして先行して出で、水を背にして陳《じん》せしむ。趙軍望見して大いに笑ふ。（中略）信曰はく、「此れ兵法に在り。顧《た》だ諸君の察せざるのみ。兵法に曰はずや、之を死地に陥れて、而《しか》る後に生き、之を亡《ぼう》地《ち》に置きて、而る後に存す」と。

韓信はそこで、一万の兵を先に進め、川を背にして陳（陣と同じ）を敷かせた。趙の軍はそれを遠くから眺めて、大いに嘲笑した。（中略）韓信は言った。「これは兵法にあるのだ。ただ諸君はそれに気付かないだけなのだ。兵法に言っているではないか。味方の軍を死地に陥れて、そこではじめて生きようとし、滅亡の危険のある地に配置して、はじめて生き残ろうとするのだ」と。

漢の高祖劉邦を輔けて天下を取った三功臣の一人、将軍韓信（?—前一九六）の有名な軍略でした。わざと川を背にして軍勢を配備し、退路を絶って決死の覚悟を奮い立たせ、敵の趙軍を大いに破ったという故事です。一見奇をてらうかに見える戦法ですが、よく人心を把握した名将の作戦として、後世に伝えられ、永く不退転の覚悟を示すのに最も適切な言葉として生き続けています。

余談ながら韓信は、徒食の若者であった時、無頼の少年たちの悪罵に耐えて、その言うままに、少年の股下《こか》をくぐったという「韓信の股《また》くぐり」のエピソードをもって、日本でも有名です。古川柳に、

堪忍をするが韓信かなめなり

とあるほどに。「韓信かなめ」とは、当然「肝腎要め」と掛けたものです。

日本で有名と言えば、それ以上に有名なのが次の言葉でしょう。

◆三顧之礼《さんこのれい》

すぐれた人材を招こうとして、何度も訪問して面会を求め、十分に礼を尽くすこと。

三国時代、後に蜀漢の天子となった劉備（一六一―二二三）が、その軍師として、諸葛孔明（一八一―二三四）を三度訪問し、礼を尽くして招いたという故事に基づいています。

先帝、不以臣卑鄙、猥自枉屈、三

先帝、臣の卑鄙《ひひ》なるを以ってせず、猥《みだ》りに

自ら枉屈《おうくつ》して、三たび臣を草廬の中《うち》に顧み、臣に諮《はか》るに当世の事を以ってす。是《これ》に由《よ》りて感激し、遂に先帝に許すに駆馳《くち》を以ってせり。

顧臣於草廬之中、諮臣以当世之事。
由是感激、遂許先帝以駆馳。
（『文選』諸葛亮、出師表）

先帝（劉備）は私を身分低い者とは扱われず、もったいなくも、尊い身分にもかかわらず、三度まで私を草ぶきの粗末な家にお訪ね下さり、私に天下の事を御相談くださいました。このことに感動した私は、先帝のために一身を投げ出して走り回って働くことを決心したのです。

「出師《すいし》の表」とは、諸葛亮が魏と戦うために出陣しようとして、蜀の天子劉備の子の劉禅（在位、二二三―二六三）に奉った上奏文です。「出師」とは、出兵、「師」とは軍隊のことです。この諸葛孔明の文章は、鬼神をも泣かしめる名文とされて、日本にも伝えられ、たとえば、明治の詩人土井晩翠《ばんすい》（一八七一―一九五二）は、「星落秋風五丈原」の長詩に、次のように詠じています。

高眠遂に永からず　信義四海に溢れたる

君が三たびの音づれを　背きはてめや知己の恩
羽扇綸巾《かんきん》風かろき　姿は変へで立ちいづる
草廬あしたの主や誰

江戸の川柳作者がこの故事を見逃すはずもありません。

孔明も三会目にはうちとける
三度まで通いお蜀を手に入れる

などなどです。「三会目」と「お蜀」とは、ともに遊里の言葉で、「三度目」にしてようやく馴染みの資格を得るということ、「お蜀」は、一番上位の「お職女郎」と「蜀漢の国」とを掛けたものです。

さて、その「三顧之礼」をもって招かれた孔明と劉備との仲は、その後どうなったでしょうか。

◆水魚之交《すいぎょのまじわり》

水と魚のように切っても切れない親密な交際。夫婦の仲睦まじいことにもたとえられます。

是《ここ》に於いて亮と情好日々に密なり。関羽・張飛等悦《よろこ》ばず。先主之《これ》を解して曰はく、「孤の孔明有るは、猶《な》ほ魚の水有るがごときなり。願はくは諸君復《ま》た言ふこと勿《な》かれ」と。羽・飛乃《すなは》ち止む。

於是与亮情好日密。関羽張飛等不悦。先主解之曰、孤之有孔明、猶魚之有水也。願諸君勿復言。羽飛乃止。

（『三国志』蜀志、諸葛亮伝）

こうして劉備は諸葛亮（孔明）と親好を日毎に深めていった。しかし関羽や張飛たちはそれが面白くなかった。劉備がそこで弁解して言った。「私に孔明がいるのは、ちょうど魚に水があるように、必要不可欠なものなのだ。どうか君たちは、二度と不満を言わないで欲しい」と。関羽も張飛も、それからはそのことを言わなくなった。

関羽と張飛とは、劉備が若き日に、張飛の桃の花園で、いわゆる「桃林之契《ちぎり》」「桃園結義」の交わりを誓った義兄弟であり、生涯の盟友であったことは、『三国志演義』などに記されて有名です。その二人の豪傑が、「三顧之礼」をもって後に迎えられた孔明を、快くは思えなかったのも人情の自然であり、それを誠心誠意とりなした劉備の言葉が「水魚之交」のたとえだったということになります。

このようにして、虚実をとりまぜて『三国志』の世界からは、さまざまな物語や言葉が生まれました。ここにはもう一つそれを紹介します。

◆髀肉之嘆《ひにくのたん》

長い間戦いがなくて馬に乗ることがなく、太ももの肉がつき過ぎてしまったという嘆き。「髀肉」は、「脾肉」とも書き、ここでは、内股《うちもも》に生じた贅肉《ぜいにく》。転じて、才能や実力を発揮できる機会のない嘆きを言います。

備、荊州《けいしゅう》に住《とど》まること数年、嘗《かつ》て表《ひょう》の坐に於いて、起《た》ちて厠《かはや》に至り、髀の裏《うち》に肉の生ずるを見て、慨然として流涕《りゅうてい》す。坐に還《かへ》るに、表怪しみて備に問ふ。備曰はく、「吾常に身　鞍を離れず。髀の裏に肉生ず。髀肉皆消ゆ。今復《ま》た騎《の》らず。日月は馳《は》するがごとし。老い将《まさ》に至らんとす。而《しか》も功業建たず。

備、住荊州数年、嘗於表坐、起至厠、見髀裏肉生、慨然流涕。還坐、表怪問備。備曰、吾常身不離鞍。髀肉皆消。今不復騎。髀裏肉生。日月若馳。老将至矣。而功業不建。是以悲耳。

（『三国志』蜀志、先主劉備伝、注）

是《ここ》を以って悲しむのみ」と。

劉備は、荆州の地に留まること数年、ある時、その地の領主の劉表の設けた座席において、起って手洗いに行き、太ももの内側に肉の盛りあがっているのを見て、大変嘆いて涙を流した。座席に帰ると、劉表が不思議がって劉備に涙の理由をただしたところ、劉邦は答えた。「自分は常に戦場にあって、自身馬の鞍を離れることがなかった。そのために太ももの肉がすべて消えていた。それが今は馬に乗ることがない。ために太もものあたりの贅肉が盛り上がっている。歳月は馬の走るように速く過ぎ去る。私の老いもそれと同じように迫ってくる。それなのに何の大きな功績もあげていない。このために悲しむばかりなのです」と。

後に天下を三分して蜀漢の国を建てた劉備が、荆州の劉表に身を寄せていた不遇時代の言葉です。「髀肉の嘆をかこつ」といった言い方で、今も日本に用いられています。

このように挙げてみますと、「之」の一字を含む漢字四字から成るこの種の言葉には、何らかの物語がまつわっている場合が多く、中でも以下のように、勧学・勉励的な教訓の語が多いことに気付きます。

◆断機之戒《だんきのいましめ》

学問することを途中でやめてしまうのは、織りかけた織機の布を、中途で断ち切ってしまうようなものだという戒め。転じて、物事を中途でやめてはいけないという教訓として用いられます。

孟子　少《わか》きときより、既《すで》に学びて帰る。孟母方《まさ》に績す。問ひて曰はく、「学、何の至る所ぞ」と。孟子曰はく、「自若たり」と。孟母刀を以って其の織を断つ。孟子懼《おそ》れて其の故を問ふ。孟母曰はく、「子の学を廃するは、吾の斯《こ》の織を断つがごときなり」と。

自孟子之少也、既学而帰。孟母方績。問曰、学何所至矣。孟子曰、自若也。孟母以刀断其織。孟子懼而問其故。孟母曰、子之廃学、若吾断斯織也。　（『列女伝』母儀、鄒孟軻母伝）

孟子は若いころから学問をしていたが、やがてその途中でやめて、家に帰ってしまった。孟子の母は、ちょうどその時、糸を紡《つむ》いでいたが、孟子に尋ねた。「学問はどこまで進んだか」と。孟子は、「もとのままです」と答えた。すると母は、刀で自分が織りかけていた織り布を、断ち切ってしまった。孟子は恐れてその理由をたずねた。すると母は言った。「あなたが学問を途中でやめてしまうのは、私がこの中途まで織りかけている布を断ち切るようなものです」と。

孔子より一八〇年ほど後の世に生まれて、その学統を継いだ孟子の母の、秋霜烈日の如き教戒です。まさに現今の教育ママの元祖ここにありといったところでしょうか。このエピソードからは別に「孟母断機」の四字熟語も生まれています。

また、孟母は、その子の教育的環境を選んで「三遷」すなわち三度住居を移転したという逸話から、「孟母三遷」の語も残しています。申すまでもなく、子供の教育のためには、よりよい環境こそ選んでやるべきだという意味に用いられます。

こうした学問・修行の勧めや戒めに関する言葉は、その後も次々と生まれました。

◆蛍雪之功《けいせつのこう》

貧乏にくじけず、蛍の光や雪明かりで、勉学に励んだ、立派なその成果。転じて、刻苦勉励のたとえ。

車胤《しゃいん》、字《あざな》は武子《ぶし》、（中略）家貧にして、常には油を得ず。夏日には則《すなは》ち練嚢《れんのう》に数十の蛍火を盛りて、以って書を照らし、夜を以って日に継ぐ。

車胤、字武子、（中略）家貧、不常得油。夏日則練嚢盛数十蛍火、以照書、以夜継日焉。（『晋書』車胤伝）

車胤は、字を武子といった。（中略）家が貧乏で、いつでも油を得るというわけにはいかなかった。そこで、夏には練り絹で作った袋に数十匹の明るい蛍を入れ、それで書物を照らして、連日連夜、読書につとめた。

（晋《しん》の孫《そん》）康《こう》、家貧にして油無し、常に雪に映じて書を読む。少小《しょうしょう》より清介《せいかい》にして、交遊雑ならず。後に御史大夫《ぎょしたいふ》に至る。

（晋孫）康、家貧無油、常映雪読書。少小清介、交遊不雑。後至御史大夫。（『蒙求』中、孫康映雪）

晋の孫康は、家が貧乏で油が買えなかった。そこで、いつも雪に照らして読書した。幼いころから、清潔で孤高の精神を持ち、いいかげんな交友関係を持たなかった。後に、役人を取りしまる御史台の長官にまで出世した。

晋の車胤と孫康（ともに生没年未詳）は、四世紀ごろの人と推定されますが、二人はどちらも貧しい家の生まれでした。しかし、その貧苦にめげず、車胤は、蛍の光を、孫康は、窓の雪明かりを、それぞれに利用して読書に精励したというのです。その両者の故事を結びつけて四字熟語とされました。

わが国の小学唱歌「蛍の光」は、明治十四年（一八八一）ごろからすでに卒業式歌として歌われ始めました。

ほたるの光、まどのゆき
書《ふみ》よむつき日、かさねつつ
いつしか年も、すぎのとを
あけてぞけさは、わかれゆく

もし、『晋書』や『蒙求』の車胤・孫康の記事を知らないとしたら、この有名な小学生の歌も十全な理解はできなくなるでしょう。

また、北宋の学者・政治家王安石（一〇二一―一〇八六）の文章の注（勧学文、古文真宝前集注）には、「蛍窓雪案」という四字熟語も記されています。「案」は、机の意味ですから、「蛍の光のある窓と、雪明かりに照らされた机」ということになって、「蛍雪之功」と同じ場面からの発想で、やはり貧しさにめげず勉学することのたとえとなりました。
続いては教学というよりは、師弟の関係についての造語を見ましょう。

◆出藍之誉《しゅつらんのほまれ》

弟子がその師よりも勝っているという名誉。青い色の染料は、藍という植物から取ったものだが、そのもとの藍草よりも濃い青色をしているという、次の文章に基づいています。

君子曰、学不可以已。青取之於藍、而青於藍。冰水為之、而寒於水。

（『荀子』勧学）

君子曰はく、「学は以って已《や》むべからず。青は之《これ》を藍より取りて、藍よりも青し。冰《こほり》は水之を為《な》して、水よりも寒《つめた》し」と。

君子が言った。「学問は中途でやめてしまってはいけない。青という色は、藍という草から取り出すが、藍草よりもいっそう青く、氷は水からできているが、水よりも冷たい」と。

荀子（前三一三？―前二三八）は、孟子より六十年ほど後に生まれた戦国時代の思想家ですが、先に挙げた「断機之戒」（一三五ページ）の主張と軌を一にする戒めを、ここでは右のようなたとえを用いて説いています。

右の文中「青取之於藍」の部分が、伝えられる本によっては「青出於藍（青は藍より出でて）」となっており、「出藍」の語はそれに基づいています。

弟子が師よりもすぐれているということは、弟子本人の名誉であるばかりではなく、その師にとっても、自分を乗り超えるほどの人材を育てたという名誉とすべきことでもありましょう。

「出藍」は、後世この二字だけでも使われますが、右の『荀子』の文章を読まない限り、とてもその正確な意味は知り得ません。この種の難解さを持つと思われる語を、次に二つ選んでみました。

◆抱柱之信《ほうちゅうのしん》

命がけで約束を守り通す立派な心がけ。また、反対に、融通のきかない愚直な信義や、小さな約束にこだわる馬鹿正直さをいう場合もあります。

尾生《びせい》　女子と梁下《りょうか》に期す。女子来たらず。
水至れども去らず、梁柱を抱きて死せり。

尾生与女子期於梁下。女子不来。
水至不去、抱梁柱而死。
（『荘子』盗跖《とうせき》）

尾生という男が、女性と橋の下で会う約束をした。女性は来なかった。やがて水かさが増してきたが、尾生はそこを去ることなく、橋脚の柱を抱えて死んだ。

この尾生という男の評価は、後世三つに分かれました。大きくは命がけで約束を守った信義に厚い男と見るか、小さな信義に殉じた融通のきかない愚かな男と見るかですが、更にそれに加えて、その愚直さ愛すべしとする第三の立場も生じたようです。その第一の理解に立つ用例の一つを紹介しましょう。

十五始めて眉を展《の》べ
塵と灰とを同じくせんと願ふ
常に抱柱の信を存し
豈《あ》に望夫の台に上らんや

十五始展眉
願同塵与灰
常存抱柱信
豈上望夫台（唐、李白、長干行詩）

十五歳になって新妻は、やっと少しばかり表情を柔らげ、塵と灰とがまじり合うように、夫と結ばれ続けようと願うようになった。あの柱を抱いて約束を守り通して死んだ尾生のような信義を、いつも思い続け、どうして望夫台に登って夫を待ちわびる身になどなろうと思ったであろうか。

李白の「長干行」の「長干」は、現在の南京市内にあった、出稼ぎ商人の居住区で、「行」とは、歌謡の意味です。全三十句から成るこの作品は、そこに住む若夫婦の純愛物語ですが、その中で李白は「抱柱の信」を、愚直なまでの夫婦愛として描き出しました。

このように、人間の心情の美しさを述べる語もあれば、この種の「之」を含む造語の中には、次のような「荒唐無稽」（現実にはあり得ない、でたらめ）な作り話に基づく語もあります。

◆漁夫之利《ぎょふのり》

鷸《いっ》（しぎ）と蚌《ぼう》（はまぐり）とが争っている間に、第三者の漁師が、労せずして利益を独り占めにしてしまうこと。転じて、両者が争っているすきに、他の者が横取りする利益。

「鷸蚌《いつぼう》之争《のあらそい》」とも言い、「漁夫」は「漁父」とも書き、その場合「ぎょほ」とも読みます。

蚌方《ぼうまさ》に出《い》でて曝《さら》し、鷸《いつ》其の肉を啄《ついば》む。蚌合して其の喙《くちばし》を箝《はさ》む。鷸曰はく、「今日雨ふらず、明日雨ふらずんば、即ち死蚌有らん」と。蚌も亦《ま》た鷸に謂ひて曰はく、「今日出ださず、明日出ださずんば、即ち死鷸有らん」と。両者相舎《す》つるを肯《がへ》んぜず。漁者得て幷《あは》せて之を擒《とら》ふ。

蚌方出曝、而鷸啄其肉。蚌合而箝其喙。鷸曰、今日不雨、明日不雨、即有死蚌。蚌亦謂鷸曰、今日不出、明日不出、即有死鷸。両者不肯相舎。漁者得而幷擒之。

（『戦国策』燕上）

蚌（はまぐり）がちょうど岸に出て陽にあたっていると、鷸（しぎ）がその肉をついばんだ。蚌は、そこで貝を合わせてそのくちばしをはさんだ。鷸が言った。今日も明日も雨が降らないと、すぐに死んだ蚌があることになるだろうと。蚌も言った。今日も明日もお前を出さないと、すぐに死んだ鷸があることになろうと。両者とも譲り合うことを承知せず、漁師が通りかかってその二つを捕獲してしまった。

戦国時代、趙《ちょう》が燕《えん》を討とうとした時、遊説家の蘇代（蘇秦の弟）が、燕のために、趙の恵文王（在位、前二九八—前二六六）に対して、戦いをやめるように説いた際の寓話です。

この部分は明らかに蘇代の作り話ということになっています。陽にさらしていた貝の肉を、鳥がついばむなどということは、現実にはあり得ないことのように思われます。ところが、筆者にはその実写の写真を見せられて仰天し、それをある学習書の扉に用いたという体験もあって、にわかにそのような事実も、全くは否定できないのですが、ここではその両者に問答させるという擬人化まで、あえてしているのです。そして何よりも、この語はこの作り話なしには成立しないものなのですから傑作です。

このように見てきますと、この「之」の一字をめぐって千変万化・変幻自在に、その意味・用法を異にしつつ、成立展開する四字の世界は、まことに人間世界の万般にわたっているということができます。その役割を担って「之」の一字はほとんど魔術のような働きをしています。

第八章

友情讃美

古くから中国は友情を大切にする国です。現代でも、一度でも飲食を共にすれば、単なる朋友《ポンユー》が、たちまち好朋友《ハオポンユー》・老朋友《ラオポンユー》と称する親友扱いの間柄になるというくらいです。従って古来、友情の厚さをいう言葉がたくさんに作られてきました。またしても前章に続いて「之」の一字を第三字とする四字成語について追加いたします。

管鮑《かんぽう》之交《のまじわり》・金蘭《きんらん》之契《のちぎり》・元白之交・膠漆《こうしつ》之交・爾汝《じじょ》之交・水魚之交・耐久之朋・断金之交・竹馬之友・桃林之契・莫逆《ばくぎゃく》之友・布衣《ふい》之交・忘形之契・忘形之友・忘年之交・刎頸《ふんけい》之交……

この中で「水魚之交」（一三一ページ）「桃林之契」（一三二ページ）はすでに触れました。

◆管鮑之交《かんぽうのまじわり》

管仲《かんちゅう》（?―前六四五）と鮑叔牙《ほうしゅくが》とが結んだ友情あふれる交際。友人同士の強い信頼関係のたとえ。

「管」は、春秋時代（前七七〇―前四〇三）、斉の桓公に仕えた名宰相管仲で、「鮑」は、その親友鮑叔牙です。

仲、字《あざな》は夷吾《いご》、嘗《かつ》て鮑叔と賈《こ》す。利を分かつに多く自ら与ふ。鮑叔以って貪《たん》と為《な》さず。仲の貧しきを知ればなり。嘗て事を謀《はか》りて窮困す。鮑叔以って愚と為さず。時に利と不利と有るを知ればなり。嘗て三たび戦ひて三たび走る。鮑叔以って怯と為さず。仲の老母有るを知ればなり。仲曰はく、「我を生む者は父母、我を知る者は鮑子なり」と。

仲、字夷吾、嘗与鮑叔賈。分利多自与。鮑叔不以為貪。知仲貧也。嘗謀事窮困。鮑叔不以為愚。知時有利不利也。嘗三戦三走。鮑叔不以為怯。知仲有老母也。仲曰、生我者父母、知我者鮑子也。　（『十八史略』巻一）

（管）仲は、字を夷吾と言った。ある時鮑叔と一緒に商売をした。その利益の分配には、いつも自分の取り分を多くした。しかし、鮑叔は、だからといって管仲を欲張りだとは言わなかった。管仲の貧しさを知っていたからである。また、ある時鮑叔のためにある事を計画してやって失敗し、かえって困った状態に陥ってしまった。しかし鮑叔はそのことをもって管仲が愚か者であったからとは考えなかった。物事には運のよい時と不運の時とがあるものだと知っていたからである。ある時はまた、管仲が三度戦って三度敗れて逃げたことがあったが、鮑叔は管仲を卑怯者とはしなかった。管仲に年老いた母親のいることを知っていたからだ。管仲は言った。「私を生んでくれたのは父母であり、私を真に理解してくれたのは鮑君である」と。

孔子の後継者孟子が、「春秋に義戦無し」と嘆いたことは、三九ページにすでに述べました。その正義のない乱世に咲いた、美しい友情の物語です。ここには、鮑叔牙の管仲理解の深さに偏って、多くの言が費やされていますが、管仲の「我を生む者は父母、我を知る者は鮑子なり」との一言があって、一方的ではない相互理解の確かさが見事に描かれています。

以来、この「管鮑之交」の語は、古代中国における交友第一の言葉として重んじられています。管鮑の生きた前七世紀から千数百年後の唐の詩人杜甫は、次のように詠じています。

手を翻《ひるがへ》せば雲と作《な》り　手を覆《くつがへ》せば雨となる　　翻手作雲覆手雨
紛紛《ふんぷん》たる軽薄　何ぞ数《かぞ》ふるを須《もち》ゐん　　紛紛軽薄何須数
君見ずや　管鮑貧時の交はりを　　君不見管鮑貧時交
此の道　今人《こんじん》棄《す》つること土のごとし　　此道今人棄如土
（唐、杜甫、貧交行）

手のひらを上に向ければ雲となり、手のひらを下に向ければ雨となる。このような軽薄な者どもを、どうして数えたてて問題にすることがあろうか。見たまえ、あの春秋時代の親友同士の管仲と鮑叔牙との貧しいときの交友を。この尊い友情の道を、現代の人々は泥土のように捨て去ってかえりみようとしないのだ。

杜甫は、この「貧交行（貧しい時の交友の歌）」において、上記のような史書の物語に忠実に、「管鮑之交」を、「管鮑貧時の交」と補足しました。軽薄な時世への痛憤の情が、よく現れた名作です。人情の変わりやすいたとえの「翻雲覆雨《ほんうんふくう》」の四字熟語も、この詩から生まれたものです。

杜甫の生きた唐代は、いうまでもなく詩歌全盛の時代でした。その時代にも、「管鮑」のように二人の人名を連ねた友情讃美の語が生まれています。

◆元白之交《げんぱくのまじわり》

中唐の詩人元稹《げんじん》（七七九―八三一）と白居易との厚い友情を言います。

（白居易）初与元稹酬詠。故号元白。

（『新唐書』白居易伝）

（白居易は）初めより元稹と酬詠《しゅうえい》す。故に元白と号せらる。

白居易（号は楽天）は官吏となった当初から、元稹（字は微之）と作詩して贈答した。そこで（世に）元白と並称された。

この両者の詩は、前代の詩の巨匠、李白・杜甫の盛唐の詩風を脱して、表現の平易さを目指し、宋の蘇軾からは、「柳子玉《りゅうしぎょく》を祭る文」において、「元軽白俗」の四字の酷評を奉られています。元稹の詩は軽薄で白居易の詩は卑俗であるという評価です。しかし、二人が歌い交わして誓い合った方向は、まさにその軽俗に見えて平易豊潤な表現だったはずです。地下の御両人にとっては、あるいは会心の評語であるのかも知れません。

いずれにしても、両人の多くの詩文に残された元白の友情の深さは、なみなみならぬものがあります。

◆膠漆之交《こうしつのまじわり》

膠《にかわ》や漆《うるし》で接着したように、堅く離れない交友で、厚い友情のたとえ。「膠」と「漆」とは、ともに、物と物とを貼り合わせる接着剤、特にこの二つを混ぜ合わせると強力なものとなるといわれます。

吾友有宝剣　　吾が友に宝剣有り
密之如密友　　之《これ》を密にすること密友のごとし
我実膠漆交　　我実《まこと》に膠漆の交はり
中堂共杯酒　　中堂に杯酒を共にす

（唐、元稹、説剣詩）

私の友人は宝剣を持っている。この剣に親しむことは、親友に対するようである。私は本当にそれと同じく、にかわやうるしのような密接な交友を結んで、中央の御殿で杯の酒を酌み交わしているのだ。

人生幾何《いくばく》ぞ。離闊《りかつ》此《か》くのごとし。況《いは》んや膠漆の心を以って胡越《こえつ》の身に置くをや。進みては相合ふを得ず、退きては相忘るるを得ず。牽攣乖隔《けんれんかいかく》、各々白首《はくしゅ》ならんと欲す。

人生幾何。離闊如此。況以膠漆之心置於胡越之身。進不得相合、退不得相忘。牽攣乖隔、各欲白首。

（唐、白居易、与微之書）

人の一生はどれほどの長さがあるというのでしょうか。その短い人生においてこんなに遠く離れたままなのです。まして、私たちは、にかわやうるしのように離れがたい友情を抱いたままに、西北方の胡の国と東南方の越の国ほども隔てられたままなのですから、なおさら辛いことです。会いに行こうにも、忘れようにも、どちらもかなわず、心を強く引かれながら、そむき隔たったまま、君と私と同じく白髪の身となろうとしているのです。

元稹はその詩に「膠漆の交わり」とし、白居易は、元稹に送った手紙に「膠漆の心」と言っています。それがまた「膠漆之契」「膠漆之分」「膠漆之約」などとも書かれることもあるのです。白居易はまた、その文中に次のような言葉を用いています。

胡越之身　親友同士が、はるかに遠く地を隔てて身を置いているたとえ。「胡」は中国の西北方、「越」は東南方の僻遠の地を言います。

牽攣乖隔　心は互いに引かれ合っていながら、体は遠く離れていること。「牽」も「攣」も、引き合うこと、「乖」は、そむく、「隔」は、へだたることです。

前者は「之」の一字を含む四字成語、後者は立派な四字熟語です。ともに親密な友情をたとえた造語ということができるでしょう。

「管鮑」「元白」は、いずれも史上に名のある人物名でしたが、ここでそれとは別種の物語性豊かな造語を紹介しましょう。

◆刎頸之交《ふんけいのまじわり》

その人のためならば、頸《くび》を刎《は》ねられても後悔しないほどの緊密な交友。「刎」は、刀で斬り落とすこと。「頸」は、首です。

西紀前三世紀、戦国時代に趙《ちょう》の恵文王に仕えた猛将廉頗《れんぱ》と名宰相藺相如《りんしょうじょ》との間に結ばれた、生死を共にするほどの親交を言います。

ただし、この御両人は初めから親交を結んでいたわけではありません。両雄並び立たずの言葉通り、廉頗は、外交交渉の場で際立った活躍をして出世した藺相如を、嫉視すること甚だしかったのです。廉頗は自分より上席の位についた相如を必ず辱めてやると公言し、その機会をうかがいましたが、相如は避け続けて相手になりませんでした。その態度を卑怯として不満を述べる部下に対して、相如は次のようにさとすのでした。

相如曰はく、「夫《そ》れ秦王の威を以ってすら、相如之を廷叱《ていしつ》して、其の羣臣《ぐんしん》を辱しむ。相如駑《ど》なりと雖《いへど》も、独り廉将軍を畏れんや。顧念《おも》ふに強秦の敢《あ》へて兵を趙に加へざるは、徒《た》だ

相如曰、夫以秦王之威、相如廷叱之、辱其羣臣。相如雖駑、独畏廉将軍哉。顧念強秦不敢加兵於趙者、徒以吾両人在也。今両虎共闘、其勢不

吾が両人の在るを以ってなり。今両虎共に闘はば、其の勢い倶《とも》には生きず。吾の此れを為す所以《ゆゑん》は、国家の急を先にして、私讐《ししゅう》を後にするなり」と。頗之を聞き、肉袒《にくたん》して荊《いばら》を負ひ、門に詣《いた》りて罪を謝し、遂に刎頸の交はりを為せり。

倶生。吾所以為此者、先国家之急、而後私讐也。頗聞之、肉袒負荊、詣門謝罪、遂為刎頸之交。

（『十八史略』巻一）

相如は言った。「そもそも、あの秦王の暴威に対してさえ、私相如はそれに屈せず、秦王の宮廷内で叱りつけて、その群臣たちを辱しめた。その私相如が、いかにつまらない者であったとしても、どうして廉頗将軍を畏れることがあろうか。よく考えて見ると、あの強大な秦が思いきって趙を攻めないのは、ただわれわれ廉頗と藺相如の両人が存在するためである。今かりに二頭の虎にもたとえるべきこの両人が争いあえば、その成り行きとして、両者のうち必ず一方は生き残れまい。私が廉将軍を避けて争わないのは、この国家の大事を先に考えて、個人的な恨みを後回しにしているからなのだ」と。廉頗はこのことを聞いて、肌ぬぎになって荊《いばら》の鞭を背負い、相如の家を訪ねて謝罪した。そこで二人は、相手のためなら首を刎ねられても悔いることはないというほどの親交を結んだ。

この物語に見る限り、廉頗は自ら「攻城野戦の功」を誇る一介の武弁、対する藺相如は、すぐれた外交的手腕と、強い愛国心とを有する、いわば知・勇ともにすぐれた大政治家として描かれています。どう見ても廉は藺よりも遥かに劣った人物なのですが、その結びの肉袒負荊して謝罪した率直さも高く評価されてしかるべきでしょう。この御両人あってこそ「刎頸之交」は見事に成立したのですから。

史書にはまた、藺相如の言からは、次のような言葉が紡《つむ》ぎ出されています。

◆布衣之交《ふいのまじわり》

身分・地位・貧富などの違いに関係のない、対等の交際。「布衣」は、庶民が着る粗末な衣服ですが、転じて、庶民・平民の意に用いられています。「布衣之友」とも言います。

臣以為《おも》へらく、「布衣の交はりすら、尚《な》ほ相欺《あひあざむ》かず。況《いは》んや大国をや。且つ一璧《いっぺき》の故

臣以為、布衣之交、尚不相欺。況大国乎。且以一璧之故、逆彊秦之驩

を以って、彊秦《きょうしん》の驩《かん》に逆《そむ》くは不可なり」と。　不可。（『史記』藺相如伝）

私（藺相如）が思うには、「一般庶民の交友でも欺いたりはしないものだ。まして秦と趙という大国間においてはなおさらである。また、ただ一つの璧玉《へきぎょく》（最高の宝玉）のことで、強国秦の歓心にそむいて、欺くことはできない」と。

これまた戦国時代の秦と趙との外交交渉にかかわる場面における藺相如の言葉でした。強国秦が、趙の「和氏《かし》の璧《たま》」という秘宝と、十五城を以って交換しようという無理難題について討議した際に用いられたものです。庶民同士の交友の意味から転じて、身分差を度外視した交友の意味に用いられることのほうが多いようです。同様に、互いの容貌や身分地位などを忘れた友情を「忘形之契」「忘形之友」などとも言います。身分や地位でなく年齢のへだたりを忘れた友情もあります。

◆忘年之交《ぼうねんのまじわり》

年齢差を心にかけず、相手の才徳を重んじ合う交友。

(孔《こう》)融《ゆう》亦《ま》た深く其の才を愛す。(禰《でい》)衡《こう》始めて弱冠にして、融年四十、遂に与に交友を為す。

融亦深愛其才。衡始弱冠而融年四十、遂与為交友。(『後漢書』禰衡伝)

孔融は深くその禰衡の才能を愛した。禰衡はやっと二十歳、孔融は四十歳、そのへだたりのままに交友を結んだのだ。

これによって二十歳の若者と、四十歳に達した長上とが、対等の交際を持ったという間柄を「忘年之交」と言います。

「竹馬之友」とは、竹馬に乗って遊んだ思い出を共有する幼友達、お前・貴様のような乱暴な言葉で、気軽に呼び合えるような親しさの仲を「爾汝《じじょ》之交」と言います。金属よりも堅く、蘭よりもかぐわしい仲を「金蘭之契」、香草の霊芝《れいし》と蘭のように香り高い君子人同士の結び付きを「芝蘭《しらん》之交」と申します。そのほかにもここには取り上げ得なかった友情讃美の語は、第三字に「之」の字の援けを借りて、漢字文化圏に属する多くの人々の生活に根ざして作り続けられ、用い続けられているようすです。

第九章

至言妙語

真理・真実を的確に捉えた名言を「至言」と称します。また、人情の機微や、処世の態度などを巧みに捉えた絶妙な言葉を、ここでは「妙語」と致しました。その「至言妙語」の数々は、通行の漢和辞典や四字熟語辞典に満載されており、この小著においても、すでに各章にわたって収載済みです。

ここには、それに洩れて補いたくなったいくつかを挙げて、本書の結びとします。

◆行雲流水《こううん　りゅうすい》

空行く雲と流れる水と。その雲や水のように、あらゆるこだわりを捨てて、物事に対応し、自然のままに生きること。自然で自由な人生態度や心境のたとえ。

嘗《かつ》て自《みづか》ら謂《おも》へらく、「文を作るは、行雲流水のごとし。初めより定質無し。但《た》だ常に当《まさ》に行くべき所に行き、止《とど》まらざるべからざる所に止まるのみ」と。

嘗自謂、作文、如行雲流水。初無定質。但常行於所当行、止於所不可不止。
（『宋史』蘇軾伝）

ある時、（蘇軾は）自ら考えた。「詩文を作るには、行く雲流れる水のように自然のままでなければならない。最初からきまった形があってはならない。ひとえに常に当然行くべきところに行き、止まるべき所で止まるだけなのだ」と。

蘇軾は、北宋を代表する文豪です。その蘇軾が自らの詩文製作に当たって、いわば「座右之銘」としたのが、この「行雲流水」の四字だったということになりましょう。何ものにもとらわれないこの自由の境地は、詩文の製作ばかりではなく、広く人生の処し方の基盤として、人が保持したいものの最たるものと言うべきでしょう。

◆明鏡止水《めいきょうしすい》

澄みきった鏡と、流れを止めて静まりかえった水と。曇りのない鏡のように、静まりかえった水面のように、澄んで落ち着いている心境や態度のたとえ。

仲尼曰、人莫鑑於流水、而鑑於止水。惟止能止衆止。（『荘子』徳充符）

仲尼曰《い》はく、「人は流水に鑑《かんが》みること莫《な》くして、止水に鑑みる。惟《た》だ止《し》のみ能《よ》く衆止《しゅうし》を止む」と。

孔子が言った。「人は流れる水を鏡としないで、静止している水を鏡とする。それは、止まっている水だけが、多くの静止するものをとどめ写すからだ」と。

「流水」に続いて、「止水」の比喩です。『論語』の子罕《しかん》編には、「水」についての有名な次のような言葉もあります。

子在川上曰、逝者如斯夫。不舎昼夜。（『論語』子罕）

子　川の上《ほとり》に在りて曰はく、「逝《ゆ》く者は斯《か》くのごときかな。昼夜を舎《を》かず」と。

これは古くから「川上之嘆《せんじょうのなげき》」と称されて、『論語』の中でも有名な一章です。ただし、この孔子の「川のほとりでの詠嘆」については、大きく分けて二つの解釈がなされていま す。要するに「逝《ゆ》く川の流れ」に孔子が何を見、何を感じ、なぜ嘆いたのかという問題で す。一つは川の流れのように時の流れはとどまることなく、人はむなしく老いてゆくのだ と嘆いたとする説。もう一つは、川の流れはしばしもとどまることなく常に流れてやまぬ もの、人はその姿に学んで勉励努力をすべきだと感得詠嘆したものとする説です。

孔子のこの言葉をふまえた後代の詩文は、和漢にわたって多いのですが、その多くは前者の「時の推移に対する詠嘆」説に従っているようです。わが国の鎌倉時代の歌人・文人鴨長明《かものちょうめい》（一一五五？―一二一六）は、その著「方丈記」の冒頭に次のように述べています。

> ゆく河の流れは絶えずして、しかも、もとの水にあらず。淀みに浮かぶうたかたは、かつ消えかつ結びて、久しくとどまりたる例《ためし》なし。世の中にある人と栖《すみか》と、またかくのごとし。

この表現も、水の流れに、時間の推移と人生の無常とを孔子から学びとった形跡は、瞭然としています。このように、水の流れを前にしては、古今にわたって多くの人が何らかの感慨を催さずにはいられなかったようで、「行雲流水」「明鏡止水」などのような四字に熟せしめては、高い精神的な境地のたとえとして、特に日本人に愛好されてきました。

それに似た日本人好みの用語を更に挙げるとすれば、まずは次のようなものがあります。

◆泰然自若《たいぜんじじゃく》

ゆったりと落ち着いていて、常にふだん通りで動揺しないようす。「然」と「若」とは、ともに状態を表す接尾語の一種です。ゆったりと落ち着き払って、常に変わらぬ態度や心境を保持していることを言います。人はどのような危機にもかくありたいものです。

矢石《しせき》の前に至ると雖《いへど》も、泰然自若たり。

雖矢石至前、泰然自若。

(『金史』顔盞門都伝)

矢や石が目の前に迫っても、落ち着き払ってびくともしない。

◆悠悠自適《ゆうゆうじてき》

のんびりと落ち着いて、自分の心に適《かな》うように生きること。また、その態度。俗世間を超越して、思いのままに、ゆったりと心静かに生きる態度を言います。誰しも憧《あこが》れる理想の境涯です。

◆晴耕雨読《せいこううどく》

晴れた日には田畑を耕作し、雨の日には読書すること。何者にも拘束されることなく、安楽高雅な生活を享受する自由人の境涯を言います。定年退職後の理想的生活でしょうか。

いずれも高尚温雅な大人の風格を連想せしめる至言として、言い換え、書き換えを許さぬ絶妙さがあります。ところが、「泰然自若」はともかく、「悠悠自適」と「晴耕雨読」とには、出典として示すべき用例が、『大漢和辞典』(諸橋轍次著)にも見えません。あるいはこれらは、中国古典語として成立したものではない和製四字熟語であるかもしれないのです。またしても博雅の御高教を得たく存じます。

そしてまた、これらの四字熟語の世界が、この章に挙げてきたような、人類にとって明るい輝かしい側面を穿つ、いわゆるプラスイメージの語である反面、暗くやりきれないマイナスイメージの語のあることも忘れられません。

◆面従腹背《めんじゅうふくはい》

顔では服従しているように見せ、腹の中では背いていること。表面的には従っているように見せかけ、内心では強い反抗心を燃やすことを言います。

しかし、この四字熟語も『大漢和辞典』にすらその記載がなく、従ってまた典拠も明らかではないのです。ただし、似た言葉として、次の二語が見えています。

◆面従後言《めんじゅうこうげん》

面と向かっては服従しているかに見えるが、その人がいない後ろでは、悪口を言い非難することです。

予《われ》違《たが》はば汝《なんぢ》弼《たす》けよ。汝面従して退きて　　予違汝弼。汝無面従退有後言。

後言有ること無かれ。（『書経』益稷《えきしょく》）

私が誤ったらお前がそれを正し、助けなさい。目の前では服従し、後ろに回っては非難するようなことはするな。

◆面誉背毀《めんよはいき》

面前ではほめるが、背後では悪口を言うこと。

朝《あした》には面誉を吐き、暮れには背毀を行ふ。朝吐面誉、暮行背毀。（『宋書』顔延之《がんえんし》伝）

朝にはその人の面前においてほめそやし、その日の夜には後ろに回って非難する。

大きな組織・企業・団体などに身を置くことは、必ずや、不条理の世界に面従腹背し、耐え忍んで生きることに外ならないとは、ある作家の言葉だったと記憶します。やむなき処世訓とは言いながら、なんと悲しき弱者の屈従抵抗の言葉でありましょう。それでもこれらは宮仕えの立場に恵まれた人の言葉ですが、一方では、どちらかというと巷間市井の人の、日常茶飯事から発したと思われる次のような言葉もあります。

◆羊頭狗肉《ようとうくにく》

羊の頭と、犬の肉。「狗」は、犬。看板には羊の頭を掲げてそれを売るように宣伝しておきながら、実際には安価な犬の肉を売りつけてしまうことです。上等な品を看板にしていて、実はだまして粗悪な下等な品を売ることで、看板にいつわりありということを意味します。

転じて、見せかけや宣伝だけが立派で、実際・実質が全くそれに伴っていないインチキなことのたとえです。

無門曰、黄面瞿曇、傍若無人、圧良為賊、懸羊頭売狗肉。

無門曰はく、「黄面の瞿曇《くどん》、傍若無人にして、良《りょう》を圧して賊《ぞく》と為《な》し、羊頭を懸《か》けて狗肉を売る」と。

（『無門関』六則）

無門が言うことには、「金色の顔の瞿曇《ゴータマ》（釈迦《しゃか》の姓）は、周囲の人を無視した態度をとり、善良な人々を見下し、立派そうな教説を掲げて、実はたいした説法もしていないのだ」と。

右の『無門関』の記述によって、「羊頭狗肉」とは、「羊頭を懸けて狗肉を売る」の略であることがわかります。また、右の文中の「傍若無人」も立派な四字熟語で、すでに九七ページで説きました。

このようにして原典や用例が明らかとなり、それを「羊頭を懸けて狗肉を売る」「傍らに人無きがごとし」と訓読できれば、この種の四字熟語は自ずからに解明できるはずです。その類の妙語をもう少し加えましょう。

◆隔靴掻痒《かっかそうよう》

靴を隔てて痒《かゆ》いところを掻《か》くこと。靴の上からでは、足のかゆいところには手が届かず、そのかゆさは解消できないということから、はがゆく、もどかしい状態のたとえとなりました。「靴を隔てて、痒きを掻く」と訓読します。

詩の題を著《あらは》さざるは、靴を隔てて痒きを掻　　不著詩題、如隔靴掻痒。

くがごとし。

（南宋、阮閲《げんえつ》『詩話総亀《そうき》』）

詩を作って題を付けないのは、靴を隔てて痒いところを掻くようにもどかしいものだ。

ほんとうに身近な日常生活から発想して、解消されない欲求不満を的確に捉え得た妙語として感心させられます。その反対が「麻姑《まこ》掻痒《そうよう》」で、これは、かゆいところに手が届く、行き届いておもうままになることのたとえです。「麻姑」は、中国伝説上の仙女、俗にいう「孫の手」は、この「麻姑の手」から生まれたとも言われます。

◆**驚天動地**《きょうてんどうち》

天地をゆり動かすようなできごとや知らせのたとえ。「天を驚かし、地を動かす」と訓読し、世の中を大いに驚かすたとえに用いられます。

憐れむべし　荒壠《こうろう》窮泉《きゅうせん》の骨　　可憐荒壠窮泉骨
曾《かつ》て驚天動地の文有り　　曾有驚天動地文（唐、白居易、李白墓詩）

ああ、この荒れた墓の地下に眠る（李白の）骨が、かつては、天地を震動させる詩文を作ったのだ。

このように一世を驚倒せしめるほどの詩文を残した李白への評価ならば適切でしょうが、最近ある日本の一政治家が、これをそのまま使いました。自らがある地位に就いた折の記者会見の際でした。おこがましい限りですが、日本の政治家はよくこの種の四字熟語を、自らの進退の時などに使用します。歯切れよくパンチが効いて、その上なにがしかの教養がにじみ出るように感じられるからでしょうか。

◆青天の霹靂《せいてんのへきれき》

晴れわたった青空に、突如として起こった雷鳴。転じて、筆勢の極めてすばらしいたとえ。また、突然起こる大事件や、予期できなかった出来事で、いわゆる「寝耳の水」のたとえにも使われます。

正に久蟄《きゅうちつ》の竜のごとく　　正如久蟄竜

青天に霹靂を飛ばす　　青天飛霹靂（宋、陸游、四日夜雞未鳴起作詩）

まことに長い冬眠の竜のように、青空に雷鳴をひびかせるかのようだ。

これはまた、予期せぬ首班指名を受けた政治家の記者団に洩らした感想でした。「青天霹靂」とそのまま四字熟語とされますが、より多くは中間に「の」を補って用いられる言葉です。これは、本人にとっては適切な感想だったかもしれません。何よりも「びっくりした」「驚いた」などというよりは、はるかに歯切れよく、人に迫る語感があり、何か知的なひびきすら漂うと感じられるからでしょうか。政治家のみならず、気の利いた言い回しとして、大いにこの種の四字熟語・成語は、世人に現に多用され続けています。ただし、願わくは、その際にくれぐれも誤用のないように心していただきたいものです。言葉は魔物です。誤りやすいものです。またその用法は変わりやすいものです。

◆侃侃《かんかん》諤諤《がくがく》

剛直で遠慮なく正論を吐くようすで、大いに議論することの形容です。「侃」は、正しく強い意。それを二字重ねて、剛直のさま。「諤」は、正しいことを直言する意。それを二字重ねて、是非善悪を明らかにして遠慮なく論ずるさまを言います。

朝《ちょう》にて下大夫《かたいふ》と言ふときは侃侃如《かんかんじょ》たり。上大夫と言ふときは誾誾如《ぎんぎんじょ》たり。

朝与下大夫言、侃侃如也。与上大夫言、誾誾如也。　（『論語』郷党）

朝廷で自分より下級の大夫と話す時は、剛直に筋道を立てたしっかりした話をし、上級の大夫と話す時は、上下の分を重んじて、和らいだ態度で接した。

千羊《せんよう》の皮は、一狐《いっこ》の腋《えき》に如《し》かず。千人の諾《だく》諾《だく》は、一士の諤諤に如かず。

千羊之皮、不如一狐之腋。千人之諾諾、不如一士之諤諤。　（『史記』商君伝）

千頭の羊の皮の価値は、一匹の狐の腋《わき》の毛皮には及ばない。千人が「はい、はい」と調子よく答えることの価値は、一人の心ある人物がずけずけと直言するのには及ばない。

『論語』の右の解釈は異説もあるようですが、いずれにしても『史記』の「諤諤」という熟語と合体して右のような四字となったと考えられます。このように同じ漢字が二字連接して構成される漢語を重言《じゅうげん》または畳語《じょうご》と言いますが、「堂々」「悠々」「粛々」「蕭々《しょうしょう》」といった「々」を用いる表記もなされて、状態・性質などを形容し、古来、詩文に頻用されてきました。

それだけに誤用されることも多く、例えば、この「侃侃諤諤」が、「喧喧《けんけん》諤諤」の議論などと誤られて横行する類です。それはどうやら次の語と混同されたもののようです。

◆喧喧囂囂《けんけんごうごう》

多くの人々が、やかましく騒ぎ立てる形容。「喧」も「囂」も、ともに、極めて騒がしい意。それが二字ずつ重なって、多くの人々の一斉に騒音を発するやかましさを強調する語となっています。

燕台《えんだい》一望すれば　客心驚き
笙鼓《しょうこ》喧喧たり　漢将の営《えい》

燕台一望客心驚
笙鼓喧喧漢将営（唐、祖詠、望薊門詩）

燕の国の高台を遠く眺めやると私の旅の心は動揺し、漢（実は唐）の将軍の営舎には、笙の笛や太鼓が鳴りわたる。

之《こ》の子　于《ここ》に苗《かり》す　　之子于苗
徒を選ぶこと　囂囂たり　　選徒囂囂（『詩経』小雅、車攻）

この人が、今、狩をしようとしている。供の者を選ぼうとして、がやがやと騒いでいる。

このように「喧喧」と「囂囂」とが同義語として四字連接し、その騒がしさを強調する語となったのです。このように同義または類義の語を四字連ねて強調の語とすることは、四字熟語形成の常套の一種とも言えるでしょう。

唯唯諾諾《いいだくだく》（はいはいと、他人の言うままに従うこと。）
奇奇怪怪《ききかいかい》（極めてあやしい、不思議なこと。）
空空漠漠《くうくうばくばく》（広くてとりとめのないようす。）
洒洒落落《しゃしゃらくらく》（極めてさっぱりとしていて、こだわりのないこと。）
明明白白《めいめいはくはく》（極めてはっきりとして、疑う余地のないこと。）

などといった例が挙げられます。かくして、四字熟語の世界は、物語や哲学や文学を伴って、無限に広がり続けるのです。

あとがき

さて、本書を結ぶに当たって、私事にわたりますが、筆者にとって鮮明な記憶となって心深く刻みつけられた思い出を、あえてここに書き記します。

今を遡ること七十年に近い、昭和十四年（一九三九）、大相撲の一月場所、四日目のことです。六十九連勝中の無敵の名横綱双葉山が、その七十連勝目を安芸ノ海によって阻まれたことは、相撲ファンならずとも御存知の方が多いでしょう。和田信賢アナウンサーの「国技館内は、ただ喧々囂々、ただ喧々囂々、座布団が舞っています」の絶叫が、今も耳に蘇ります。時に小学校四年生の悪童だった筆者が、家中の座布団を天井に向かって投げ上げてしまったのも、なつかしい思い出です。

その日の夕食時、筆者は「ただ　てんてんごうごう、てんてんごうごう」と叫んで、父親の失笑を買い、おかげで小柳司気太・服部宇之吉共著の『詳解漢和大字典』を与えられる羽目となったのです。爾来、七十年、漢和辞典が私の机辺から去ることのない生涯を送ることになろうとは、思いもかけぬことでした。筆者が現在、仕事場の一つとさせていただいている「孔子廟」の入り口の石柱、「史蹟　湯島聖堂」の御染筆も、実は服部宇之吉先生のお手に成るものと伺っては、独り感慨を催したりしています。

さるにても興奮しきった万余の観衆の放った喧騒は、「喧喧囂囂」以外のいかなる言葉によって表現できるでしょうか。談論風発の白熱した議論は、やはり「侃侃諤諤」の四字が最もふさわしい形容ではないでしょうか。

日本人であるわれわれにとって、漢字・漢語は、好むと好まざるとに拘わらず、どうしても何らかの形では付き合わざるを得ない文字であり言語です。人それぞれに漢字とののような出会いがあり、どのような付き合いがあったか、それにはさまざまな形や思いがあることでしょう。

この小著が、その思いを深めるよすがとなる一書ともなり得たら幸いです。

最後に、本書の成るに当たって、『大漢和辞典』を始め、漢字文化振興に多大の貢献を果たし続ける大修館書店と、同編集一部の円満字二郎氏とに、深甚なる敬意と謝意とを表します。特に円満字氏には、同氏なくして本書の成立はなかったと称しても過言ではない、お世話になりました。

それでもなおかつ、遺漏なきは期しがたいこと、多くの方々の御批正を乞い願うばかりです。

二〇〇七（平成十九）年四月吉日

田部井　文雄

比翼連理 ひよくれんり 117
布衣之友 ふいのとも 156
布衣之交 ふいのまじわり 156
風月無尽 ふうげつむじん 72
風光明媚 ふうこうめいび 72
風樹之嘆 ふうじゅのたん 127
不倶戴天 ふぐたいてん 96
富国強兵 ふこくきょうへい 21
不惜身命 ふしゃくしんみょう 53
不撓不屈 ふとうふくつ 53
武陵桃源 ぶりょうとうげん 19
刎頸之交 ふんけいのまじわり 154
文質彬彬 ぶんしつひんぴん 59
焚書坑儒 ふんしょこうじゅ 46
忘形之契 ぼうけいのちぎり 157
忘形之友 ぼうけいのとも 157
傍若無人 ぼうじゃくぶじん 97
芳心寂寞 ほうしんせきばく 33
抱柱之信 ほうちゅうのしん 140
忘年之交 ぼうねんのまじわり 157
翻雲覆雨 ほんうんふくう 150
奔放不羈 ほんぽうふき 95

【ま行】

麻姑掻痒 まこそうよう 170
無為自然 むいしぜん 13
無為徒食 むいとしょく 100
無為之治 むいのち 127
明鏡止水 めいきょうしすい 161
明眸皓歯 めいぼうこうし 118
明明白白 めいめいはくはく 175
面従後言 めんじゅうこうげん 166
面従腹背 めんじゅうふくはい 166
面誉背毀 めんよはいき 167
孟母三遷 もうぼさんせん 136
孟母断機 もうぼだんき 136

【や行】

焼肉定食 やきにくていしょく 48
夜郎自大 やろうじだい 100
勇往邁進 ゆうおうまいしん 54
有終之美 ゆうしゅうのび 127
優柔不断 ゆうじゅうふだん 96
優勝劣敗 ゆうしょうれっぱい 48
悠悠自適 ゆうゆうじてき 165
窈窕たる淑女 ようちょうたるしゅくじょ 114
羊頭狗肉 ようとうくにく 168

【ら行】

梨花一枝 りかいっし 112
李下瓜田 りかかでん 67
離合集散 りごうしゅうさん 43
柳暗花明 りゅうあんかめい 78
柳緑花紅 りゅうりょくかこう 83
柳緑桃紅 りゅうりょくとうこう 83

【わ行】

和敬静寂 わけいせいじゃく 66

従容自若 しょうようじじゃく 104
汝南月旦 じょなんげったん 91
芝蘭之交 しらんのまじわり 158
神算鬼謀 しんさんきぼう 104
神色自若 しんしょくじじゃく 104
人物月旦 じんぶつげったん 90
深謀遠慮 しんぼうえんりょ 104
森羅万象 しんらばんしょう 88
水魚之交 すいぎょのまじわり 131
水光瀲灩 すいこうれんえん 76
水村山郭 すいそんさんかく 81
水天髣髴 すいてんほうふつ 75
青雲之志 せいうんのこころざし 127
晴耕雨読 せいこううどく 165
青天の霹靂 せいてんのへきれき 171
切磋琢磨 せっさたくま 55
雪膚花貌 せっぷかぼう 108
千載一遇 せんざいいちぐう 54
川上之嘆 せんじょうのたん 162
先憂後楽 せんゆうこうらく 68
千里同風 せんりどうふう 14
全力投球 ぜんりょくとうきゅう 53
喪家之犬 そうかのいぬ 127
糟糠之妻 そうこうのつま 127
宋襄之仁 そうじょうのじん 127
則天去私 そくてんきょし 64

【た行】

耐久之朋 たいきゅうのとも 146
泰然自若 たいぜんじじゃく 164
太平謳歌 たいへいおうか 10
太平無事 たいへいぶじ 14
断機之戒 だんきのいましめ 135
断金之交 だんきんのまじわり 146
断腸之思 だんちょうのおもい 127
竹馬之友 ちくばのとも 158
知行合一 ちこうごういつ 66
長汀曲浦 ちょうていきょくほ 73
治乱興亡 ちらんこうぼう 26
沈魚落雁 ちんぎょらくがん 123
天衣無縫 てんいむほう 92
天下太平 てんかたいへい 14
天下治平 てんかちへい 14
天下平泰 てんかへいたい 14
天空海闊 てんくうかいかつ 102
天資英邁 てんしえいまい 103
天真爛漫 てんしんらんまん 93
天真流露 てんしんりゅうろ 94
桃園結義 とうえんけつぎ 132
桃林之契 とうえんのちぎり 132
同工異曲 どうこういきょく 41
桃紅柳緑 とうこうりゅうりょく 82
蟷螂之斧 とうろうのおの 127
呑舟之魚 どんしゅうのうお 127

【な行】

内助之功 ないじょのこう 127
何苦楚魂 なにくそだましい 65
嚢中之錐 のうちゅうのきり 127

【は行】

背水之陣 はいすいのじん 127
覇王別姫 はおうべっき 31
莫逆之友 ばくぎゃくのとも 146
白砂青松 はくさせいしょう 73
抜山蓋世 ばつざんがいせい 31
反哺之孝 はんぽのこう 127
万民泰平 ばんみんたいへい 14
悲歌忼慨 ひかこうがい 31
髀肉之嘆 ひにくのたん 133

慧眼之士　けいがんのし　127
鶏口牛後　けいこうぎゅうご　44
傾城傾国　けいせいけいこく　116
蛍雪之功　けいせつのこう　136
蛍窓雪案　けいそうせつあん　138
軽佻浮薄　けいちょうふはく　96
敬天愛人　けいてんあいじん　64
敬天愛民　けいてんあいみん　64
月旦春秋　げったんしゅんじゅう　91
狷介孤高　けんかいここう　95
狷介不羈　けんかいふき　95
狷介不屈　けんかいふくつ　95
元軽白俗　げんけいはくぞく　150
喧喧諤諤　けんけんがくがく　174
喧喧囂囂　けんけんごうごう　174
乾坤一擲　けんこんいってき　54
巻土重来　けんどちょうらい　37
堅忍不抜　けんにんふばつ　53
元白之交　げんぱくのまじわり　150
犬馬之労　けんばのろう　127
権謀術数　けんぼうじゅっすう　43
牽攣乖隔　けんれんかいかく　153
行雲流水　こううんりゅうすい　160
剛毅果断　ごうきかだん　104
剛毅木訥　ごうきぼくとつ　62
巧言令色　こうげんれいしょく　63
膠漆之契　こうしつのちぎり　153
膠漆之分　こうしつのぶん　153
膠漆之交　こうしつのまじわり　151
膠漆之約　こうしつのやく　153
紅脂白粉　こうしはくふん　122
曠世之才　こうせいのさい　127
浩然之気　こうぜんのき　127
荒唐無稽　こうとうむけい　10
光風霽月　こうふうせいげつ　18
豪放磊落　ごうほうらいらく　104
傲慢無礼　ごうまんぶれい　97
呉越同舟　ごえつどうしゅう　41
胡越之身　こえつのみ　153
固窮之節　こきゅうのせつ　127
鼓腹撃壌　こふくげきじょう　11
孤立無援　こりつむえん　26

【さ行】

才色兼備　さいしょくけんび　103
座右之銘　ざゆうのめい　52
三顧之礼　さんこのれい　129
山紫水明　さんしすいめい　73
山色空濛　さんしょくくうもう　77
山重水複　さんちょうすいふく　79
色即是空　しきそくぜくう　66
至言妙語　しげんみょうご　160
爾汝之交　じじょのまじわり　158
七転八起　しちてんはっき　66
七歩之才　しちほのさい　127
四面楚歌　しめんそか　26
弱肉強食　じゃくにくきょうしょく　47
洒洒落落　しゃしゃらくらく　175
自由闊達　じゆうかったつ　103
羞月閉花　しゅうげつへいか　124
自由奔放　じゆうほんぽう　95
朱脣皓歯　しゅしんこうし　119
出藍之誉　しゅつらんのほまれ　139
春日遅遅　しゅんじつちち　84
春宵一刻　しゅんしょういっこく　80
春風駘蕩　しゅんぷうたいとう　84
照顧脚下　しょうこきゃっか　66
小国寡民　しょうこくかみん　21
常住座臥　じょうじゅうざが　52
掌中之珠　しょうちゅうのたま　127

索　引

【あ行】

哀怨徘徊　あいえんはいかい　33
悪逆非道　あくぎゃくひどう　96
阿諛迎合　あゆげいごう　99
阿諛追従　あゆついしょう　99
阿諛弁佞　あゆべんねい　99
安穏無事　あんのんぶじ　14
唯唯諾諾　いいだくだく　175
衣香襟影　いこうきんえい　122
一意専心　いちいせんしん　53
一刻千金　いっこくせんきん　80
一笑百媚　いっしょうひゃくび　122
一所懸命　いっしょけんめい　53
鷸蚌之争　いつぼうのあらそい　143
倚門之望　いもんのぼう　127
雨奇晴好　うきせいこう　77
雲雨之情　うんうのじょう　127
雲雨巫山　うんうふざん　85
雲鬟玉臂　うんかんぎょくひ　120
雲鬢花顔　うんびんかがん　107
英俊豪傑　えいしゅんごうけつ　104
鴛鴦之契　えんおうのちぎり　127
嫣然一笑　えんぜんいっしょう　122
円転滑脱　えんてんかつだつ　104
宛転たる蛾眉　えんてんたるがび　109
王道楽土　おうどうらくど　15
鷹揚自若　おうようじじゃく　104
温故知新　おんこちしん　60
厭離穢土　おんりえど　23

【か行】

会稽之恥　かいけいのはじ　41
格物致知　かくぶつちち　66
臥薪嘗胆　がしんしょうたん　39
隔靴搔痒　かっかそうよう　169
合従連衡　がっしょうれんこう　42
侃侃諤諤　かんかんがくがく　172
頑固一徹　がんこいってつ　95
完全燃焼　かんぜんねんしょう　53
管鮑之交　かんぽうのまじわり　147
頑迷固陋　がんめいころう　95
気宇壮大　きうそうだい　103
奇奇怪怪　ききかいかい　175
鬼手仏心　きしゅぶっしん　66
屹度馬鹿　きっとばか　65
胸懐灑落　きょうかいしゃらく　18
驚天動地　きょうてんどうち　170
曲学阿世　きょくがくあせい　98
玉容寂寞　ぎょくようせきばく　111
許劭月旦　きょしょうげったん　91
漁夫之利　ぎょふのり　142
毀誉褒貶　きよほうへん　91
金科玉条　きんかぎょくじょう　66
金蘭之契　きんらんのちぎり　158
空空漠漠　くうくうばくばく　175

［著者略歴］

田部井　文雄（たべい　ふみお）

1929（昭和４）年、群馬県生まれ。東京教育大学卒業、同大学院（修士）修了。元都留文科大学・千葉大学教授。専攻は、漢文学。若いころより、『大漢和辞典』を初めとする漢和辞典や、高校国語教科書の編纂にたずさわる一方で、『唐詩三百首詳解』『中国自然詩の系譜』『「完璧」はなぜ「完ぺき」と書くのか』（大修館書店）、『陶淵明集全釈』（共著、明治書院）、『大修館四字熟語辞典』『漢文教育の諸相』（編、大修館書店）などの編著書がある。

四《よ》字熟語《じじゅくご》物語《ものがたり》――故事来歴《こじらいれき》をひもとく

NDC814/184p/19cm

初版第１刷――2007年７月10日

著者――田部井文雄《たべいふみお》
発行者――鈴木一行
発行所――株式会社大修館書店
〒101-8466 東京都千代田区神田錦町3-24
電話03-3295-6231（販売部）03-3294-2352（編集部）
振替 00190-7-40504
［出版情報］http://www.taishukan.co.jp

装丁者――小林厚子
印刷所――壮光舎印刷
製本所――難波製本

ISBN978-4-469-22190-9　Printed in Japan